LE
CHATEAU DE MONTESPAN

(HAUTE-GARONNE)

Voyage de la favorite de Louis XIV aux Pyrénées

St-BERTRAND-DE-COMMINGES, LUCHON, EN ESPAGNE

HISTOIRE ET LÉGENDE

PAR L. MANAUD DE BOISSE

> « Il y a toujours un peu
> « d'histoire dans le roman et
> « beaucoup de roman dans
> « l'histoire.
> « DE MARTIGNAC. »

TOUS DROITS RÉSERVÉS

FOIX
Imprimerie Veuve Pomiès
—
1891

UN MOT AU LECTEUR

Les pages de ce livre, avant d'être réunies en faisceau, avaient, pour la plupart, vu le jour, ou au moins le demi-jour, dans deux journaux : l'un de l'Ariège, l'autre de la Haute-Garonne, et ce qu'on a pu lire dans ces feuilles a suffi pour nous encourager à les publier en entier. Le sujet y est pour beaucoup...

Nous avons conté la légende telle qu'elle est accréditée dans le pays, et peut-être avons-nous fait de l'histoire sans nous en douter ?...

Néanmoins, et quoique l'expérience ait été favorable à ce qui en a paru, il sera facile d'y trouver à reprendre sous le rapport de la forme. On verra sans doute qu'ici nous en disons trop, et plus loin trop peu, que tantôt nous faisons de la poésie et de la philosophie, voire du drame, et tantôt que nous rampons dans des réalités vulgaires... Eh! mon Dieu! oui, c'est un peu tout cela que notre livre, si vous voulez, et nous l'avouons sans détour, votre franchise nous honore encore plus que si vous nous disiez : Voilà qui est parfait! Vous avez fait un livre qui restera, un livre qui sera grand sans être long... Oh! pour le coup, c'est alors que nous parlerions sérieusement...

Quoi qu'il en soit, nous n'essayerons pas de défendre notre œuvre, nous n'y avons affecté d'ailleurs aucun genre de prétention, la fantaisie seule y domine et impose le ton et la forme à chaque composition. Nous ajouterons que nous avons varié, autant qu'il a dépendu de nous, notre style et nos couleurs; nous aurions voulu, suivant le précepte de Boileau :

Passer du grave au doux, du plaisant au sévère.

Et si nous n'y avons pas réussi, croyez que la bonne volonté ne nous a pas manqué.

Sur ce, bénévole lecteur, nous prions Dieu qu'il vous tienne en sa sainte et digne garde, sans nous oublier, cependant!

*A Madame de Bardies, baronne douairière
de Monifa, à Soulan (Ariège).*

Chère Madame,

C'est sous le patronage de vos vieux jours que je viens placer mon jeune livre... A qui pourrais-je, en effet, mieux l'adresser qu'à celle qui fut l'ornement et la gloire de nos salons, la Sévigné de nos rochers. Veuillez donc, chère Madame, le recevoir en souvenir des heures cordiales dont vous m'avez honoré et comme un témoignage de reconnaissance pour les bontés sans nombre que vous avez toujours eues pour moi.

Si vous daignez, chère Madame, couvrir de votre aile ce faible enfant de mes rêves, il vivra, j'en suis sûr... Mais il est condamné d'avance, s'il n'est pas trouvé digne de la main vénérable à qui je l'offre.

Je suis, dans ces sentiments, avec le plus profond respect, bien chère Madame,

Votre très humble et féal serviteur,

L. M.

CHÂTEAU DE MONTESPAN

Le château de Montespan, qui se montre encore aujourd'hui sur un monticule, aux portes de Saint-Gaudens (1), a des ruines

---

(1) Saint-Gaudens est une ville bâtie en observatoire et peuplée de plus de 6,000 âmes, avec toutes les ressources d'un chef-lieu d'arrondissement.

Ses terrasses, toujours blanches au midi, donnent à la ville, vue de loin et par un beau jour de soleil, l'aspect d'un vaste terrain couvert de toiles de diverses couleurs.

Cette ville, appelée d'abord le *Mans de Saint-Pierre* n'a reçu que plus tard le nom qu'elle porte aujourd'hui, en souvenir d'un saint appelé Gaudentius dont la légende est connue. Pendant la Révolution, elle porta le nom de *Mont-d'Unité*.

Autrefois capitale de la vicomté du Nébouzan, qui dépendait du comte de Comminges, dont elle fut séparée vers la fin du XIIe siècle.

Cette ville se montra toujours jalouse de l'antiquité de ses droits. Ses chartes, écrites en patois, portent toutes en tête : *Libertas, franchises, privilèges, dont les habitants* pleines de souvenirs, et ces ruines, alors que le voyageur s'arrête à les considérer, l'attirent, le fascinent et fixent un moment ses méditations.

Savez-vous, nous disait un jour un voyageur, amateur d'antiquités, qui a fondé cette forteresse ?

— Une vieille légende nous apprend que c'est un aventurier espagnol, du nom de Roger, homme rapace et inhumain, qui en fût le premier fondateur.

— Savez-vous si c'est lui, continue notre interlocuteur, qui lui a donné le nom de Montespan ?

— On l'attribue à Arnaud de Comminges,

---

jouissent de temps immémorial, dont il n'est preuve du contraire. Chaque fois qu'elle changea de maitre, la ville de Saint-Gaudens eut la sage précaution de se faire confirmer ses franchises municipales.

Indépendante vis-à-vis de ses seigneurs, elle tenait en respect et même en soumission la force féodale. Une rivalité fâcheuse étant survenue entre les bourgeois de la ville et les gentilhommes du dehors, elle les exclut de l'enceinte de la ville et les relégua dans leurs châteaux.

Saint-Gaudens a gardé sa vieille église et son vieux cloître roman de l'hôpital. Ses autres anciens édifices remarquables sont transformés aujourd'hui en établissements modernes.

dit d'Espagne (1), troisième fils du vicomte de Couserans, lequel le refonda, vers le xii⁰ siècle, sur les ruines de l'ancien. La puissante et riche maison d'Espagne qui, selon l'expression d'un brillant écrivain, avait couvert de ses nids d'aigle toutes les cîmes des Pyrénées, était issue des maisons de Foix et de Comminges, et de tous les rois de la péninsule espagnole, qui s'étaient alliés avec ces maisons, tels que les rois de Léon et de Navarre, de Castille et de Majorque. La postérité masculine ayant été interrompue dans cette maison, sans contredit une des plus illustres et des plus anciennes, la famille de Pardeilhan-Gondrin vint se greffer sur celle d'Espagne, par le mariage de Jeanne d'Espagne avec le baron de Gondrin (1555), et le vieux manoir féodal, apporté en dot par

(1) Ce nom vient de *mont* et d'*Espaing* (d'Espagne). C'est de la réunion de ces deux mots que s'est formé le nom de Montespan, lequel semble vouloir dire mont relevant de la maison d'Espagne...

Le village de Montespan, qui doit son nom au château qui le domine, possède dans ses archives un ancien titre sur parchemin, où se trouve la charte fort complète et fort instructive de Montespan. Le seigneur avait haute, moyenne et basse justice.

Jeanne, fut délaissé pour celui de Bonnefont-d'Antin (1), dans le Béarn, que le marquis décorait de son nom titré de Montespan. De là vient, sans doute, la confusion qu'on fait souvent des deux châteaux.

Le château de Montespan (Haute-Garonne), formait un assemblage de bâtiments massifs, protégés par de grosses tours que reliaient entre elles des murs crénelés. Au centre, s'élevait le donjon. Le clocher de la chapelle, incluse dans le château même, atteignait à peine la moitié de cette construction féodale. L'escarpement de la colline rendait la forteresse moins accessible sur trois côtés ; du côté du village seulement la pente paraissait d'un plus facile accès. Aussi toutes les ressources de l'art militaire, à cette époque, avaient-elles été mises en usage pour fortifier cet endroit. Une double muraille, un double fossé, une barbacane, ou corps de garde

---

(1) Le château d'Antin, où dominèrent aux xive et xve siècles les farouches comtes Bo d'Antin, où s'établirent les deux siècles suivants les marquis de Montespan, qui fût au xviiie siècle le siège d'un duché pairie, n'est plus de nos jours qu'une maison d'éducation pour les enfants du peuple.

intérieur, des palissades, des chausse-trapes, rien n'avait été omis pour tenir en échec les assaillants. Les fossés manquaient d'eau, mais ils étaient creusés dans un roc trop dur pour qu'on pût miner les remparts. Dans ces conditions, les seigneurs de Montespan pouvaient dormir tranquilles.

Le château et les lieux environnants avaient déjà bien changé d'aspect en 1668. Les bâtiments, noircis par le temps et à demi cachés par le lierre, étaient à peine habitables. Les vieilles tours élevaient encore vers les nues leurs imposants et vieux créneaux ; mais elles ne semblaient plus être que des souvenirs d'une puissance passée ; deux autres tours étaient comme abandonnées, la végétation croissait dans leurs crevasses.

Cependant le donjon et la chapelle conservaient, sous leurs teintes sombres, un air de force et de solidité, ce qui n'a pas empêché la chapelle de descendre à mi-côte pour servir en même temps d'église aux habitants du village (1).

(1) Cette chapelle a été démolie en 1889. On peut voir à Montespan une cloche portant le millésime de 1340.

Aujourd'hui, le vieux manoir et ses alentours n'occupent plus qu'une surface d'environ 1,800 mètres carrés (1). Demeure immense, maintenant déserte et dévastée, sans toiture, sans portes, ouverte à tous les vents..., murailles hautes et noires, machicoulis béants, donjon cerné de ses créneaux, dont les dents branlantes tiennent encore comme celles d'une vieille mâchoire, mais qui finiront un jour par tomber, comme aussi sont tombés, l'un après l'autre, les beaux fleurons de la couronne de nos rois.

Rien de beau comme sa vue : de cette hauteur, vous embrassez non seulement la vallée charmante qui se déroule devant vous, avec ses larges croupes verdoyantes, où s'éparpillent de gros villages, mais encore vous découvrez, sur les collines inégales qui festonnent l'horizon, quelques nobles débris de la vieille France. Orgueilleuse de sa ville capitale, la vallée n'est pas moins fière de la belle rivière (la Garonne) qui l'arrose et la

(1) Ce qui en reste aujourd'hui appartient aux héritiers d'Hautgroul, de Saint-Martory.

fertilise depuis Saint-Gaudens jusqu'au delà de Saint-Martory, où le Salat l'attend au passage pour s'y attacher et la suivre, comme une sœur qui se suspend au bras de son aînée. Une route, un chemin de fer la sillonnent parallèlement à la rivière, tantôt en s'éloignant, tantôt en se rapprochant de plusieurs mètres. C'est la vallée, toute en un tableau.

Du XI° siècle, époque de sa fondation, jusqu'au milieu du XVI° siècle, que d'événements ont dû s'accomplir là. Sans doute, durant cette longue période, le vieux castel a éprouvé les mêmes vicissitudes, les mêmes tribulations que ses voisins du Midi. Faire aujourd'hui son histoire, ne serait-ce pas rééditer l'histoire des citadelles du Moyen-Age ? Les temps de nos guerres civiles et religieuses semblent peser toujours sur ces demeures abandonnées...

Pour bien apprécier ces épaves seigneuriales, ces anneaux rompus de la chaîne féodale, il faudrait être né sous la même comète qu'un Roschach, un de Lahondès, un Félix Pasquier, un Garrigou et tels autres, qui brillent au second rang et qui ne s'éclipseraient pas au premier.

Honneur donc à notre pléiade du Sud-Ouest! Moins brillante, il se peut, que d'autres étoiles de notre ciel, peut-être parce qu'elle s'est placée plus haut et plus loin... Mais en lui rendant honneur et respect, ne nous laissons pas entraîner dans son orbite lumineux, nous aurions trop l'air d'un corps opaque qui brille d'un éclat d'emprunt... (Ceci soit dit innocemment).

Suivant une opinion généralement admise dans le pays, mais qui ne repose sur aucun document historique, la royale favorite se serait arrêtée au château de Montespan (Haute-Garonne), allant aux thermes de Bagnères-de-Luchon.

Le notaire Arqué qui partageait, lui aussi, cette erreur populaire, bien qu'elle soit démentie par les auteurs les plus graves, s'était persuadé que la célèbre favorite y était venue en 1668, et trouve alors tout naturel que le château de Montespan (Haute-Garonne) ait été occupé par elle, comme étant celle des résidences de son mari, la plus voisine de Luchon.

Ce voyage affirmé par les uns, nié par les autres, se trouve relaté dans un manuscrit en deux cahiers, que nous a laissés le notaire de Montespan. Nous sommes heureux de pouvoir vous en offrir la primeur. Vous y trouverez un portrait peint au vif de la célèbre marquise. Quoi qu'il en soit de cette légende, que le peuple a poétisée dans son imagination, elle s'est perpétuée en reprenant de nouvelles forces chaque année. Mais, comme dit un célèbre publiciste : « L'humanité veut être trompée, et elle préfère souvent la légende à l'histoire. » Cela dit, voici la relation de M. Arqué, qui depuis longtemps remuait son cerveau, cherchant à se faire jour :

Certain soir, nous dit-il, je dormais dans un coin de mon étude, couché sur un divan très bas, lorsque je crus voir se dresser devant moi le vieux castel féodal. Je me frottais les yeux et me soulevais sur mes oreillers, cherchant à me convaincre que je n'étais pas le jouet d'un cauchemar. J'aurais, en effet, juré que j'étais éveillé, que je parcourais de l'œil ce vieillard caduc et décrépit, juché sur la pointe de cette montagne isolée. Et comme l'on fait quelquefois en dormant des discours suivis et plus éloquents peut-être qu'on ne les ferait éveillé et debout, je me souviens d'avoir évoqué en ces termes le souvenir de madame la marquise :

Et comment, à l'aspect de ces ruines imposantes, disais-je, ne pas se rappeler la royale favorite qui a jeté un si triste éclat sur le nom de Montespan... Oui, ta mémoire plane encore sur ces lieux que tes néfastes amours ont marqué d'une croix noire, toi qui fus l'objet du culte idolâtre d'un autre Périclès !...

Oui, nous voyons encore ton ombre se glisser le long de ces vieux murs lorsque la lune verse sa lumière blafarde sur le front du château, tandis que le rossignol, caché dans le feuillage, semble redire une vieille chanson d'amour !...

Et comment se défendre de l'émotion secrète qu'on éprouve à l'aspect de ce manoir dont tu portes le nom ?.., Ne dirait-on pas que l'air qu'on y respire amolit le cœur et la pensée et que cet air a retenu quelque chose

de toi-même dont il n'est pas encore épuré ?...
Sommes-nous donc fasciné au seul souvenir
de ton nom, ô redoutable enchanteresse !...

A peine eus-je cessé de parler, que je vis
apparaître devant moi l'ombre de l'infortuné
Pardeilhan. Sa figure et sa barbe étaient
rondes, sa taille épaisse, le fond de ses yeux
bleu, et, bien qu'il fut né dans la tour gothique, il n'avait pas cependant les allures
vives et la galanterie légère des gentilshommes de ce temps-là. On voyait qu'il y avait
trop de fer dans sa nature pyrénéenne, et pas
assez d'un autre métal... Mais son caractère
était beau, sa raison supérieure, son cœur
véritablement noble, plein de candeur et
tournant toujours du bon côté.

Mon cher Arqué, me dit le marquis, je te
revois avec un plaisir vrai ; je ne t'avais point
vu depuis que je quittai Montespan, mais je
ne t'ai jamais oublié... Tu as été mon camarade d'enfance, et je n'avais pas de meilleur
ami que toi, tu le sais bien. Te souvient-il
quand nous courrions le sanglier dans la forêt
de Nébousan ? — Tu connais mes malheurs...
A toi seul je remets le soin de raconter

l'histoire de ma vie... Personne plus que toi ne dira la vérité, mon pauvre Venance, comme je t'appelais dans ma jeunesse. Je désavoue d'avance les pages qui ne sortiront de ta plume autorisée, notamment celles où l'on dira que le roi m'aurait donné certaines sommes d'argent pour acheter mon silence, ou pour embellir mon château de Saint-Elix. C'est faux, archifaux, comme je l'ai prouvé d'ailleurs, de mon vivant, par A + B. Ma vie entière proteste contre ces imputations, tu le sais, mon cher Venance, je n'ai jamais été un s....., moi ! On saura ce que cela veut dire au xixe siècle, mais non point encore au xviie. Adieu !

A peine eut-il prononcé ces mots, que son ombre disparut comme un léger nuage.

Aussitôt M. Arqué se lève en sursaut, s'habille rapidement, et sonne son chocolat... Puis se penche sur l'urne de ses souvenirs, comme sur ces vases vides, où l'on hume les parfums qu'ils ont renfermés, taille sa plume de héron et commence ainsi son premier cahier :

« Le marquis avait épousé, dans les premières années du règne de Louis XIV, Françoise-Athénaïs de Rochechouart de Mortemart, de laquelle il eut un enfant.

Bien que le contraste des deux époux fût parfait, il n'y avait jamais eu entre eux la moindre froideur apparente. Cependant on voyait quelquefois le front du marquis se rembrunir. De vagues pressentiments semblaient l'accabler. C'était sans doute la raison de ce pli que Pardeilhan avait toujours au front, un vilain pli vertical, qui lui donnait l'air passablement ahuri, terrassé.

Plus connu à la Cour par sa femme que par sa personnalité propre, il se sentait à la fois grandi et humilié par les hommages marqués dont elle était l'objet; toutefois Pardeilhan n'était pas dupe du manège, ni du rôle passif qu'il y jouait lui-même.

Mais, ne prévoyant où tout cela le mènerait, tout, en définitive, lui était indifférent...; il bravait les lazzis de la Cour et même de la ville, tant qu'il ne crut pas sa femme coupable; il ne savait pas, le malheureux! qu'il y a encore moins loin, en amour, d'une imprudence à une faute, que du Capitole à la roche Tarpéienne.

Madame de Montespan joignait à la régularité de ses traits, à la perfection de la taille et des formes toute la fraîcheur de la jeunesse... Les portraits d'elle, qui sont parvenus jusqu'à nous, nous la représentent blonde avec de magnifiques cheveux bouclés, tandis que ses cils et ses sourcils étaient du plus beau noir; le nez aquilin à la façon de son royal amant; les yeux bleus, grands et pleins de feu; la lèvre dédaigneuse; le front hautin, impérieux; le teint d'une blancheur éblouissante; la taille superbe; l'ensemble d'une altière majesté; c'était, selon l'expression de Madame de Sévigné, une triomphante beauté à faire admirer à tous les ambassadeurs (1676). Son esprit comme sa beauté ne ressemblait à aucune autre. On citait d'elle des saillies charmantes, des mots heureux, et quand elle n'en laissait point échapper par hasard, on se faisait un devoir de lui en prêter. Elle résumait en elle tout l'esprit des Mortemart, esprit unique à cette maison, où la beauté et les grâces dans les femmes et la valeur dans les hommes passaient pour être un don héréditaire. Mais outre ces qualités d'élite, Madame de Montespan possédait en propre cette ingénuité naturelle de parler qui donnait un charme de plus à sa personne, et ajoutait beaucoup à sa réputation. Elle écrivait comme elle parlait, c'est-à-dire avec une légèreté, une finesse et une grâce singulières. Mais parlait-elle comme elle pensait? Mon Dieu, non. Elle eût menti à sa nature. Et qui voudrait avoir un portrait ressemblant de la fameuse marquise, le doit moins chercher dans le peu de lettres qui nous restent d'elle, et qu'on s'arrachait à peine écrites, que dans les mémoires du temps et autres documents précieux, où s'élabore avec lenteur, mais avec sûreté l'opinion de la postérité.

Presque aussitôt après son mariage, la duchesse de Navailles, gouvernante des filles d'honneur de la reine, la fit entrer au palais en qualité de dame d'honneur. Dès lors, elle se vit entourée de plus d'hommages et de séductions : elle savait qu'elle était belle, elle connaissait aussi la supériorité de son esprit, mais hélas ! ne vaudrait-il pas mieux n'avoir jamais eu ces avantages-là, que d'enfreindre la loi de Dieu ?... Elle était mère, elle était épouse, cette double qualité lui imposait les plus saints devoirs. Elle sacrifia tout à son ambition.

Elle possédait deux grands moyens de plaire et de réussir à la Cour ; « Elle avait de la fausseté dans le caractère et du naturel dans l'esprit. » A la prudence du serpent, l'artificieuse femme savait joindre, quand elle le voulait, la douceur de la colombe... Se déguiser, revêtir un masque de bonté, prendre un accent caressant de tendresse respectueuse à l'égard de son mari, de sympathie profonde pour les personnes qui lui étaient sincèrement dévouées, tout cela ne fut qu'un jeu pour elle jusqu'à ce que, arrivée à son but, débarrassée de toute entrave, elle pût intéresser tout le monde aux besoins de sa propre cause. Quelle souplesse dans la conduite de l'intrigue ! Quelle réserve dans les épanchements !.,. Elle aimait à faire jouer tous ses ressorts sans se montrer. Les prises à rebours lui allaient à merveille. Puissante dans ses conceptions, dans ses combinaisons, elle avait encore d'autres atouts sous la main : les froideurs, les haines, les mauvais offices allaient de pair avec les avances, les ménagements, les petitesses... Et Dieu sait ce qu'elle déploya d'esprit, de tact, de modération, de ruses ingénieuses pour rejeter dans l'ombre Mademoiselle de La Vallière et se substituer à elle dans l'amitié de la plus majestueuse des *Majestés*... Grâce à l'habileté de son jeu, secondé par des brigues mystérieuses, mais puissantes, elle avait su triompher de tous les obstacles pour s'emparer de toute l'âme du roi et la subordonner.

Les justes susceptibilités d'un époux étaient à craindre, et un ordre supérieur l'avait banni de la Cour !... Pauvre marquis !...

Après avoir, d'une main ferme, tracé le portrait des deux époux, M. Arqué se met à crayonner le voyage de la marquise, pas à pas, et avec un cœur débordant de patriotisme.

Se proposant d'aller aux eaux des Pyrénées, moins pour soigner sa santé que pour son agrément personnel, il lui était impossible de ne pas faire une halte au château de Montespan. Quelques jours avant, elle avait écrit cette lettre à son mari :

Mon mari bien-aimé,

« Vous allez être surpris d'apprendre mon arrivée prochaine à Montespan. Je suppose que vous serez enchanté de me voir ; car ce ne serait pas raisonnable à vous, mon mari adoré, de vouloir que je reste si longtemps loin de vous ; je vous jure que cela aurait été au-dessus de mes forces, et que j'en serais morte.

« Ce n'est pas ma faute si..... mais nous reparlerons de tout cela quand nous nous verrons.

« Ayez foi en moi comme je veux avoir foi en vous.

« Votre femme qui vous aime pour la vie.

« ATHÉNAÏS. »

A cette lettre le marquis avait répondu qu'il se faisait d'avance une fête de voir qu'elle allait revenir à Montespan ; qu'il n'avait jamais eu l'idée de l'accuser... ; que Montespan était à elle, et que tous ceux qui l'habitaient lui appartenaient mieux encore que ses murailles et ses tourelles, et qu'elle retrouverait cette habitation, mélancolique et sauvage, exactement telle qu'elle l'avait laissée, n'ayant jamais voulu rien changer à ces arbres et à ces murs qui lui parlaient du passé et d'elle.

Ce jour-là, on le voit, son cœur s'épanouissait comme une rose du mois de mai.

Bientôt après, la marquise roulait dans la direction des Pyrénées, accompagnée du duc de Lauzun et de ses caméristes.

Lorsqu'elle fut à une certaine distance de Montespan, une tristesse morale envahit son cœur ; elle sentit comme un écrasement de tout son être en revoyant le vieux château féodal qui dominait le paysage. Bien qu'il fût éclairé par un beau soleil couchant, la grandeur toute gothique de ses aspects, ses murs de pierre grise à demi croulants, lui donnaient une apparence à la fois sauvage et terrible. Il était là debout comme le roi de cette solitude. La marquise n'en détacha point les yeux jusqu'à ce qu'enfin elle n'aperçut plus le sommet des tours au-dessus des grands bois, sous la voûte desquels son carrosse commença bientôt à monter.

A mesure que la marquise approchait, les murs semblaient s'avancer et se courber devant elle comme pour lui rendre hommage, tandis que des oiseaux de proie, tournoyaient sur le château et paraissaient dans leur vol circulaire, lui tresser une couronne...

Arrivée de la marquise à Montespan.

Lorsque Madame la marquise arriva au château, on l'accueillit avec de grandes démonstrations de joie et de respect. Le bourdon de la paroisse fit entendre sa grande voix et l'air retentit de nombreux vivats ! Tout le personnel du château était aligné au port d'armes. Les tenanciers, eux-mêmes, jeunes et vieux, étaient venus souhaiter la bienvenue à leur maîtresse chérie. Des femmes, en assez grand nombre, se tenaient autour de la voiture, quelques-unes même baisèrent les roues d'allégresse. La marquise sauta, en poussant un cri de joie, au cou de son mari, qui étouffait d'émotion et de bonheur. Vous savez, lui dit-elle, en l'inondant de baisers, si je vous ai toujours aimé... Le marquis s'enivrait de la beauté de sa femme, et l'embrassait à pleins bras. Une douzaine de jeunes filles, blanches comme des hermines, les cheveux couronnés de roses, lançaient des fleurs au couple fortuné. Ensuite, l'une d'elles s'avance d'un pas, s'incline avec respect, et lui fait à peu près ce compliment.

« Madame la marquise,

« Notre cœur bondit de joie en vous voyant au milieu de nous. Puissiez-vous, Madame, y rester longtemps, bien longtemps..... Vous voir et vous aimer est notre pensée la plus chère ; en agréer l'hommage ce serait combler nos vœux. »

A ces paroles, douces et touchantes, Mala marquise répondit :

« Mes enfants,

« Vos louanges m'enivrent, et les vœux que vous m'adressez me sont d'autant plus agréables qu'ils partent d'un cœur incapable de feindre et de tromper. Quel hommage plus touchant pourrais-je recevoir que ces fleurs offertes par vous !... Les enfants sur la terre me font croire aux anges des cieux !...

L'arrivée de Madame la marquise se répandit instantanément partout ; la joie fut générale dans le pays. Aussi, quelles fêtes allaient se donner là ! Quelles réjouissances allaient s'y préparer ! Toutes les notabilités de la région allaient y être conviées ; et le duc de Lauzun, son compagnon de voyage, « grand homme en amour » initié de bonne heure aux mystères de la galanterie mondaine, s'était chargé de faire exécuter les ordres de la noble châtelaine ; c'est tout dire. Au fond, cette petite halte champêtre, où Calypso n'eut pas été mal pour attendre Ulysse, ne lui déplut pas trop. Une foule de projets champêtres lui couraient par l'esprit. Dans peu de jours, disait-elle, les paysages de la simple et libre nature feraient baisser pavillon aux opulents paysages tracés par la main de Le Nôtre. La musique de Lulli ferait silence devant les trilles du rossignol !

C'était alors pendant ce doux mois de septembre qui finit la saison des fleurs et commence celle des fruits.

La marquise en était encore au début de ses amours *Louis-Quatorzièmes*. Les deux cœurs, qui, comme deux ruisseaux, devaient se rencontrer pour couler ensemble des jours d'ambroisie et de miel, n'avaient pas encore confondu leurs incandescentes effusions ; à peine en parlait-on doucement sous le manteau de la cheminée. Mais déjà on pressentait que Lucrèce allait finir et qu'Aspasie allait commencer.

L'intérieur du château répondait à son extérieur : il offrait partout les restes d'une magnificence dégradée. Les tentures fanées, les boiseries sombres, les meubles noirs lui donnaient un aspect particulièrement grave et le privaient de beaucoup de lumière. On distinguait à peine les poutres peintes et sculptées des plafonds, les trophées de chasse et les panoplies qui décoraient les murailles. La grande salle surtout se ressentait du vieux style ; les deux tiers du plancher était de pierres et l'autre tiers de la salle était en bois. Deux fenêtres longues et étroites se trouvaient en face d'une énorme cheminée à gueule béante. Au-dessus de cette cheminée étaient deux têtes de sanglier en plâtre, avec des défenses naturelles. Entre les deux était posé un crucifix en ivoire, long comme le bras. Un grand canapé, recouvert d'anciennes robes de noce, pouvait, le jour, prendre la forme d'un sofa, et, durant la nuit, ressembler beaucoup à un lit ; huit ou neuf chaises, bonnes autrefois ; une table, dont un pied était soutenu par un vieux fer de cheval, et deux estampes représentant Adam et Eve ; c'était là tout son mobilier.

On y voyait aussi deux lévriers, haletants, qui s'allongeaient dans l'âtre ; une chatte, roulée en boule sur un fauteuil en demi-solde, et un perroquet qui dormait sur son perchoir accoutumé.

Ah, mon Dieu ! s'écria la marquise en voyant tout cela, Montespan vieillit, Montespan déchoit !... Et, sans perdre un moment, tout le monde se mit à rajeunir le vieux manoir : les fenêtres qui ne fermaient plus reçurent des gonds et des vitres ; on fourbit les serrures, on rinça les dalles... Bref, on se trouva au milieu d'une armée de menuisiers, de tapissiers, de peintres et d'ouvriers de toute sorte, occupés à bouleverser le sombre intérieur du château. Les uns décrochaient les rideaux, les autres renouvelaient les tentures ; ceux-là rajustaient les tables ; ceux-ci repeignaient les lambris. Les meubles de palissandre et de citronnier remplacèrent les vieux fauteuils et les bahuts de chêne. Une superbe table en acajou massif, fraîchement arrivée de Paris, et dont les pieds étaient artistement sculptés, se donnait un air pompeux au centre de la chambre d'honneur qui étincelait de dorures, de glaces de cristaux ; des sièges et des sofas de soie rose *cerclaient* devant un large fauteuil Louis XIII, qui avait toutes les apparences d'un trône...; des carreaux de velours galonnés d'or reposaient sur les rosaces des Gobelins, au pied de chaque siège. Un *cache-misère*, de haute lisse, courait le long des escaliers et suivait les sombres couloirs jusqu'au bout de son rouleau. Les armoiries, reluisantes, se montraient partout depuis la porte du cellier, jusqu'au fronton de la bûchère. En moins de quatre jours, le vieux manoir avait été rajeuni de la tête aux pieds. Que pouvait-on penser de tous ces apprêts ?...

La marquise donnait des ordres avec cet air, cette aisance, cette désinvolture qui la rendaient irrésistible. Femme d'esprit et d'excellent goût, elle faisait bien et à propos quoi qu'elle fît. Le duc de Lauzun soumettait tout à ses lois, cherchant toujours à prévenir ses désirs ; il lisait dans ses yeux, il interprétait tous les battements de son cœur.

Le marquis allait et venait ; on le voyait entrer et sortir...

— C'est drôle, disait la marquise, en regardant le duc de Lauzun avec son sourire fin, quand il sort, ne vous semble-t-il pas qu'il entre un homme d'esprit ?...

— Plus doucement ! marquise.

— Quoi ? lui de l'esprit ! Oui, de cet esprit dont on n'a que faire. Si vous saviez toutes les soirées qu'il m'a gâtées... et de quel ton toutes ces jolies choses étaient dites !...

Le duc de Lauzun joue un rôle trop considérable dans cette histoire, pour que notre historien ait négligé de nous faire son portrait; mais, malheureusement, il est mâché et mutilé par les rats. A sa place, nous mettons celui que le duc de Saint-Simon en a tracé, qui, certes, n'est point flatté.

« Le duc de Lauzun, dit-il, était un petit

homme blondasse, bien fait dans sa taille, de physionomie haute, pleine d'esprit, qui imposait, mais sans agrément dans le visage, à ce que j'ai ouï dire aux gens de son temps. Plein d'ambition, de caprices, de fantaisies, jaloux de tout, voulant toujours passer le but, jamais content de rien, sans lettres, sans aucun ornement, ni agrément dans l'esprit. Naturellement chagrin, solitaire, fort noble dans toutes ses façons, méchant et malin par nature, encore plus par la jalousie et l'ambition, et toutefois fort bon ami quand il l'était, ce qui était rare, et bon parent. Volontiers ennemi, même des indifférents, et cruel aux défauts, et à trouver et donner des ridicules ; extrêmement brave et aussi dangereusement hardi, courtisan également insolent, moqueur et bas jusqu'au valetage, et plein de recherches et d'industrie, d'intrigues, de bassesses pour arriver à ses fins, avec cela dangereux au Ministère, à la Cour redouté de tous, et plein de sel qui ne craignait personne ». Voilà qui est tapé !...

Mais reprenons le fil de nos bucoliques.

Les invitations avaient été étudiées et

choisies avec tout le soin imaginable ; elles n'étaient point nombreuses, mais triées sur le volet et faites de façon qu'on fût flatté d'y être admis. Aussi, personne ne refusa, personne ! La situation exceptionnelle de Madame de Montespan, l'impolitesse notoire qu'il y aurait eu à ne pas se montrer chez elle, alors qu'on allait partout ailleurs, les vieilles amitiés du marquis et le désir de garder les relations mondaines, d'autant plus courtoises que les relations intimes le deviendraient moins, tout concourait au succès de l'entreprise.

La Cour à Montespan.

Arrivèrent encore de la Cour : le duc et la duchesse de Longueville, le duc de Saint-Aignan, la marquise de Thianges, la princesse de Soubise, la plus belle femme de la Cour, qui est le lieu du monde où l'on rencontre le plus de belles femmes ; le comte et la comtesse de Guiche, le baron de Montchevreuil, Madame de Fontaine-Martel, une des reines du palais ; Madame de Courtenvaux, pleine d'intrigue et de feu ; Madame de Saint-Valeric, belle et pimpante, tout des femmes charmantes, et naturellement aimables. Il y avait encore Mademoiselle de Mareuil, une jeune orpheline vouée de bonne heure à la vie monastique, et qui, de circonstance, se trouvait avec elles.

Le lendemain de leur arrivée, on vit venir comme un immense serpent, divisé en tronçons, une longue file de voitures qui montaient lentement, péniblement la tortueuse côte de Montespan, se dirigeant vers la première cour du noble castel. (Les bonnes routes sont rares dans les pays pittoresques.)

Vous dire de quelle espèce de voiture, ne nous est est pas possible.

Celle du marquis d'Hautpoul, qui avait roulé du temps de la Fronde, montait le calvaire en faisant un bruit à attendrir les lions.

Celle que conduisait le comte de Lourdes, encore plus mûre, était contemporaine « du seul roi dont le peuple ait gardé la mémoire. » Le comte se penchait en arrière de peur de tomber en avant.

Celle que le baron de Saint-Miqueau alourdissait à droite pour soulager la roue de gauche était conduite avec tous les ménagements qu'exige la prudence.

Celle où le baron d'Ustou pesait à gauche pour soulager la roue de droite avait droit aux mêmes égards.

Ne riez pas, tout cela quoique vous en pensiez était extrêmement grave. On ne s'imagine pas l'existence de ces moyens primitifs de locomotion...

Le carrosse du baron Latour-Landhorte, ne représentait pas mal un Z, et lui laissait tout le temps voulu pour admirer la belle nature.

La gondole du marquis de Vendomois, à bout de forces, ballotait et secouait son maître comme un sac de noix. (Sans être obligé de rimer.)

Le baron de Binos chancelait de droite à gauche, sans pouvoir prendre l'équilibre.

Le vicomte de Pointis en bonne voiture, traînée par trois beaux percherons, fut forcé de se mettre à la queue : On va me faire attendre, dit-il, à peu près dans les mêmes termes que Louis XIV.

Enfin une lourde tapissière, arrivant de Saint-Girons, apporta les barons du Couserans et deux ou trois nobles de Rimont.

Parvenues au chemin de ronde, après avoir mis, pour faire cinq cents pas, le temps d'aller de Paris à Versailles, ces voitures s'alignèrent devant le grand portail et l'on vit débarquer en élégante et tapageuse toilette : comtesse de Mauléon, marquise de Vendomois, comtesse de Peire, vicomtesse de Saint-Jean de Pointis, baronne de Saint-Miqueau, baronne d'Ustou, marquise d'Hautpoul, baronne de Latour-Landhorte, comtesse de Lourdes, voire même mademoiselle de Saint-Girons, qui depuis longtemps avait signé son brevet de vieille fille.

Ici M. Arqué fait une pause, soupire, étend les bras et cherche à se remémorer... Puis il reprend sa plume et la laisse courir « la bride sur le cou. »

Fêtes et amusements.

Les grandes entrées commencèrent à se faire... Le duc de Lauzun et le comte de Guiche, qui avaient l'air très prévenants et très prévenus pour les dames, étaient là, l'un donnant la main à la marquise de Vendomois, l'autre menant la baronne de Saint-Miqueau ; puis venaient des comtesses et des vicomtesses de divers crus. C'étaient de toutes parts gracieux saluts, sourires enchanteurs, bref, un monde étincelant de toilettes et tout rempli de politesses.

Ce ne fut plus qu'un enchaînement de fêtes, de réjouissances, de surprises, de parties de plaisir.

Madame de Montespan faisait les honneurs en y mettant toute la séduction de son esprit et de ses manières. On ne pouvait être en vérité plus naturel et plus prévenant que Madame la marquise. Elle avait une manière vraiment royale d'être avenante et bonne. On était ébloui de l'éclat de sa figure et charmé de ses grâces et de ses vivacités !...

Le marquis tortillait son jabot d'un air content. Mais, comme dit la chanson, *il eut été bien plus content s'il n'eut pas été aussi content.* (Malheureux marquis ! A quelle sauce on va bientôt le mettre !) Certes, il avait vu des réunions et des fêtes, mais aucune qui eût ce charme dû à la personnalité de sa femme. On l'entourait, on le félicitait, mais il savait tout ce que cela voulait dire.

Le jour suivant, il y eut encore fête au château. Mais cette fois c'était une fête champêtre. La marquise trouva presque amusant de jouer ainsi à la paysanne dans les pénombres du vieux manoir, dont le pourtour était planté de chênes séculaires et de gigantesques marronniers.

Elle y convoqua toute la jeunesse des environs. Il y eut bal, spectacles, buffet, rien ne manqua à ce *Longchamps* improvisé. Cette fête dansante, ayant été annoncée à l'avance, on vit dès le matin successivement arriver toute la population de plus de deux lieues à la ronde : jeunes garçons, jeunes filles, femmes, enfants et vieillards vêtus de leurs costumes montagnards, si variés dans leurs détails, si pittoresques dans leur ensemble !

A l'aide de quelques arbres, on avait formé, dans une espèce de prairie, un hangard, ayant pour plafond un treillage couvert de verdure et de fleurs, sous lequel on avait établi une estrade pour l'orchestre. Un triple cordon de fauteuils entourait la salle, tournant le dos à un mur d'orangers en fleurs. Toutes les serres du pays avaient été mises à contribution. Non loin de là, on avait juxtaposé de longues tables chargées de boîtes ouvertes, pleines de sucreries et de fruits glacés. A côté de ces tables, les gâteaux posés les uns sur les autres, ainsi que des tuiles, formaient une haute muraille. Le tout entouré d'un bataillon compact de flacons de toutes formes et de toutes grandeurs, près desquels de gros fûts de vin faisaient planton.

Les danses du pays commencèrent presque aussitôt. Le duc de Lauzun ouvrit le bal avec Madame la marquise. Monsieur de Montespan en fut quitte pour un *avant-deux*. Rien n'était plus pittoresque que ce mélange de tenues et d'attitudes mi-catalanes, migasconnes, mi-basquaises. On ne pouvait se lasser de voir ces danseuses frétillantes, pimpantes et scintillantes !

La danse est aussi vieille que le monde !... Sans remonter au déluge, faut-il rappeler que David avait dansé devant l'Arche ? Hérode dans ses vieux jours ne trouvait plus de plaisir que dans la danse. Les Égyptiens, les Gaulois, les Germains, presque tous les peuples de l'antiquité, eurent leurs danses sacrées. Les Grecs et les Romains avaient leur danse de l'innocence, la danse nuptiale, la danse des festins etc.

La danse est un si charmant exercice qu'aucune classe de la société ne peut s'en passer...

On dansait beaucoup au xviie siècle.

Quand Louis XIV et toute sa Cour dansaient sur le théâtre, on pouvait se permettre ce plaisir à Montespan... sans qu'on y trouvât rien à gloser.

La postérité éclairée le croira-t-elle ? Tant pis pour elle si elle ne le croit pas ! La chose est pourtant aussi vraie qu'il fait jour en plein midi ; aussi vrai comme il n'y a qu'un Dieu au Ciel.

— Parlez! parlez M. Arqué, nous sommes tout oreilles, tout attention.

Le jour suivant, les dames de la Cour, sans avoir aucune prétention à l'originalité, organisèrent un bal outrancier (pardon du mot). A cette occasion, elles voulurent s'habiller toutes en paysannes — le comprenez-vous?... Mais en paysannes des diverses nations de l'Europe. Mais, comme l'habit ne fait pas le moine, elles n'en restaient pas moins duchesses...

Ainsi accoutrées les dames de la Cour parurent toutes à ce bal, chacune avec son cavalier servant. On dansa les quadrilles les plus à la mode régnante dans tous les pays. C'était curieux de voir toutes ces beautés costumées en villageoises... Couvrons de quelques feuilles de vigne les ridicules de ce temps-là, et tournons les yeux sur les nôtres... « fin de siècle. »

Il faudrait la plume d'or de Madame de Sévigné pour vous raconter cette merveille. Quel tableau ne nous ferait-elle pas de cette mascarade! Madame de Thianges, nous dirait-elle, s'était costumée en Cosaque dont le vêtement, bien simple pourtant, paraissait charmant porté par elle ; Madame la duchesse de Longueville moulait sa taille dans une basquine espagnole ; elle faisait des pas si variés qu'on ne pouvait regretter qu'une chose : à savoir, qu'elle ne fût plus jeune ; Madame de Courtemaux, s'était mise en Napolitaine, dont le jupon rouge à grands plis n'avait jamais couvert des jambes mieux tournées ; Madame de Montespan, en Vénitienne *belle, et coiffée à coiffer tout le monde ;* Madame de Saint-Aignan en Danoise, *fort incommodée de ses 44 ans*, avec son jupon court ; Madame de Saint-Valery, en ajustement à l'écossaise, très flattée de sa robe de tartan, et *très fâchée de n'être plus jeune* pour faire la belle. Ainsi travesties, ces duchesses paysannes semblaient jolies et n'avoir que vingt ans !

Charmante Sévigné, que vous auriez ri de voir toutes ces châtelaines habillées en fermières... et plus encore de vous voir ainsi répétée dans votre talent par un pygmée comme nous !...

Et, puisque nous en sommes à la belle, à

l'incomparable Madame de Sévigné, s'il nous était permis de remâcher ici ce qu'on a mâché cent fois, nous dirions que Madame de Sévigné n'écrivait pas pour *écrire ;* sa grande écriture courue est là pour prouver qu'elle *parlait,* qu'elle *bavardait* ses lettres ; que tout y est aisé et plein de grâces depuis ces *riens* charmants qui tombent de sa plume, quand elle la laisse trotter la bride sur le cou jusqu'aux flots d'éloquence qu'elle consacre à honorer Turenne...

Le phénomène de son style, c'est le *naturel,* ce naturel qui plaît tant dans ses lettres !

De mémoire de danseur, on n'avait vu un tel spectacle ! (Ces belles dames étaient les arrière-grand'mères des petites fillettes qui dansaient, au commencement du siècle, dans les salons du faubourg Saint-Germain).

Puis, entre deux danses (horresco referens !) on vit s'avancer sur ses larges pattes un danseur d'une autre espèce, qui s'annonça lui-même par un beuglement dont l'éloquence n'était pas de nature à lui attirer les sympathies des danseuses. Il venait directement d'un pays appelé Ustou, qu'avec un peu de soin vous trouverez dans votre atlas sur la carte du département de l'Ariège. Ses grands parents étaient nés dans la montagne de *Sierra-Morena*, où siège l'état-major des fauves des deux Castilles.

On dit que la créature qui a le plus de succès à Paris est l'ours du jardin des plantes, parce que c'est un monstre de bonne humeur avec qui on peut sûrement entrer en relation. Le nôtre, enfant des Pyrénées, et par conséquent plus éloigné de la Sorbonne, n'avait pas reçu, sur les genoux de sa mère, une éducation aussi brillante que celle de son confrère parisien ; mais il savait se racheter par d'autres beaux côtés. L'expression générale de sa physionomie était pleine de douceur, et ses révérences si courtoises, si croquantes, qu'on l'eut franchement embrassé pour si peu qu'on lui eut rogné les ongles...

Allons Martin ! présentez-vous poliment... et commencez par saluer Monsieur et Madame la Marquise, Mesdames et Messieurs de la Cour...

Martin ne se le laissa pas dire deux fois, et

se mit à saluer avec autant d'élégance que François 1ᵉʳ.

Après en avoir fini avec la Cour, il entama la noblesse rurale en faisant d'abord ses cinq ou six saluts consécutifs à Madame la baronne d'Ustou. A ce nom d'Ustou, qui rappelait la commune patrie, tout le côté gauche de l'assemblée se mit à applaudir à tout rompre, le centre n'y tint plus...; la droite se contint. Martin, encouragé par tous ces applaudissements, fit le tour du cercle en filant trente nœuds à la minute, cabriolant et pirouettant tout comme un personnage politique; puis il dansa en rond *en veux-tu, en voilà !* Ensuite, son maître lui mit à la patte une timbale en argent, plus brillante qu'un calice; puis, chacune de ces dames et chacun de ces messieurs mirent un bon petit louis dans la coupe insatiable. Seule, Mademoiselle de Mareuil fit une espièglerie au gentil collecteur, en lui remettant son offrande. Celui-ci s'empressait de verser toutes ces jolies pièces dans les mains de son maître, toutes... moins une qu'il laissa tomber avec intention devant Mademoiselle de Mareuil. Cette fois ce fut une fusée de rire qui monta dans les hautes branches des marronniers. Bravo ! bravo !... s'écria-t-on de toutes parts.

> *Qu'on aille dire, après un tel récit,*
> *Que les bêtes n'ont point d'esprit.*

Des plantigrades aux troubadours quelle distance des uns aux autres ! Un abîme les sépare. Nous y voilà cependant !

Il est aussi des femmes de génie (dit notre Scherazade, qui était, sans s'en douter, un grand penseur) dont l'esprit attentif et perçant trouve, dans les plus inertes matières et les mots les plus ternes, les principes du beau dont elles sont éprises, comme ces noisettes de fées où l'on trouvait des diamants quand on en brisait l'enveloppe. Tout, pour elles, devient un sujet d'observation : une simple lame de leur busc leur rappellera la baleine qui rejeta Jonas ; un rose, la comparaison favorite des poètes ; une plume d'oiseau, la colombe qui rapporta dans l'arche la branche d'olivier ; un œuf à la coque sera pour elles une réminiscence de l'œuf de Christophe Colomb. Ces philosophes en jupon, fidèles à leur nature, lorsqu'ils se reposent sur une idée, ne sont véritablement heureux que lorsqu'ils peuvent les mettre aussitôt en œuvre.

C'est ainsi que Madame la marquise, qui se piquait quelquefois de rimer un *impromptu*, voulut, en souvenir des lettres patentes de Louis XIV, s'empresser de créer autour d'elle des Jeux-Floraux, en convertissant la réunion en *Cour d'amour*, dans un nouveau temple d'Izaure. On était d'ailleurs trop voisin du verger de la célèbre fondatrice pour ne pas subir son *influence secrète*.

Un prix fut fondé, et on fit savoir à toutes les muses de la région qu'un concours poétique allait avoir lieu à Montespan. On applaudit fort à l'idée, en attendant qu'on pût applaudir les lauréats.

A quelques jours de là s'ouvrirent les *Jeux*. Deux jeunes troubadours, figurant l'un un lys, l'autre une violette, parurent les premiers dans l'arène en marchant sur la pointe de leurs souliers.

Dès que Madame la marquise se fut assise au milieu de la Cour : la parole est au lys, dit-elle aussitôt.

Le Lys (*premier troubadour*).

« Devant vous je perds la victoire
Que ma blancheur me fit donner,
Et ne prétends plus d'autre gloire
Que celle de vous couronner.
Le Ciel, par un honneur insigne,
Fit choix de moi seul autrefois,
Comme de la fleur la plus digne
Pour faire présent à nos rois.
Mais si j'obtiens ma requête,
Mon sort sera plus glorieux
D'être monté sur votre tête
Que d'être descendu des cieux. »

Maintenant la violette ?...

La Violette (*second troubadour*).

« Modeste en ma couleur, modeste en mon séjour,
Franche d'ambition, je me cache sous l'herbe,
Mais si sur votre front je puis me voir un jour,
La plus humble des fleurs sera la plus superbe. »

Que c'est beau ! et quels sons harmonieux ! mon Dieu ! que c'est beau ! — Admirable ! Divin !... s'exclama le duc de Lauzun, qui avait toujours deux ou trois qualificatifs au service de son admiration...

Sur la fin de la séance, une violette simple,

naturelle, comme celles dont on fait les bouquets d'un sou, fit son entrée dans l'enceinte, avec des bluets sur la tête, qui rappelaient la couleur de ses yeux :

> « La tendre et douce violette,
> Qui se cache sous le gazon,
> Humblement ouvre sa clochette
> Pour embaumer l'air du vallon.
> Elle étale avec complaisance
> Ses doux parfums, ses simples fleurs,
> Emblème de la bienfaisance,
> Elle sourit à tous les cœurs.

Cette dernière eût infailliblement enlevé le prix aux deux autres ; mais la Cour, dans la crainte d'être soupçonnée de partialité, et pour ne pas d'ailleurs leur inspirer de la jalousie, les couronna de pair toutes trois.

Cependant, Madame la marquise ne pût s'empêcher d'avouer sa préférence pour le roi des fleurs : J'aime, dit-elle,

> J'aime la belle violette,
> L'œillet et la pensée aussi,
> J'aime la rose vermeillette,
> J'aime surtout la *fleur de lis*.

Madame la marquise, redoutant ensuite

que l'éclat de toutes ces fleurs ne fit pâlir la sienne, les congédia toutes avec un bout de semonce tournant à l'aigre-doux :

Et maintenant allez, ô mes chères compagnes,
        Embellir nos campagnes,
Les champs vous iront mieux ; car, soit dit entre nous,
Ici, mes chères sœurs, nous l'emportons sur vous...

Pendant la cérémonie, une troupe de musiciens nomades faisaient moudre à leurs instruments des notes sur l'air de :

      Oui je l'attends
      Celui que j'aime,
      Que mon cœur aime ;
      Oui je l'attends
      Celui que jaime
      Depuis longtemps.

Rien n'était plus ravissant que ces fêtes, ces réunions, ces masses de promeneurs allant et venant, parcourant cinquante fois le même espace, se retournant au même point, le jour, sous des arcs-en-ciel de verdure, la nuit, sous des arcades de lumière...

Sans rien emprunter à la mode anglaise, la marquise avait créé pour la circonstance ce genre de réunions qui commençaient après déjeûner et ne finissaient que le soir à l'heure du dîner. Elles ne se prolongeaient dans la nuit qu'exceptionnellement.

On sait qu'à Londres, les réunions du beau monde commencent très tard ; les séances du Parlement et de la Chambre des lords ayant lieu le soir, les salons ne s'ouvrent et n'ont tout leur éclat que lorsque ces séances parlementaires sont terminées, c'est-à-dire vers onze heures ou minuit, et quelquefois plus tard, lorsque le débat est important et traité par les grands orateurs. Contraint de se plier aux exigences des usages politiques, le monde se voit obligé de veiller jusqu'au lever du soleil, et il a fallu même en venir à remplacer les fêtes du soir par des fêtes du jour.

Un courrier en retard.

Bien que la renommée eut porté partout la nouvelle de ces fêtes resplendissantes, il faut que le lecteur pardonne au célèbre Penforn d'arriver un peu tard sur la scène ; il venait de loin, de fort loin peut-être, et les voyages à cette époque ne s'exécutaient pas aussi facilement, ni de la même façon qu'aujourd'hui. Sans quoi, croyez-le bien, il n'eût pas cédé le pas à son *collègue poilu* des Pyrénées pour nous donner, concurremment avec lui, une de ces représentations, qui tiennent la place de ces intermèdes que Molière jetait à travers ses chefs-d'œuvre.

Que le lecteur soit donc bienveillant à ce rude pître qui a fait plus de cent lieues de mauvais chemins pour lui être agréable... sans autre voiture que ses jambes.

Qu'était-ce donc que Penforn ?

Un vaillant et vrai clown, bien râblé, jambes courtes, épaules vastes, et dont la tête énorme ombrageait la moitié du corps et faisait tant rire... Mais dans ce corps, quelle force, quelle solide membrure !...

Rien n'était plus souhaité, au XVIIe siècle, que les représentations d'un bateleur en renom. Ses tours de force et d'adresse faisaient fureur. Pour bien s'en persuader, il faudrait pouvoir se faire contemporain de cette société et vivre un moment de sa propre vie...

Silence ! le voici : il entre dans la salle, en

tirant ses trois révérences... Ses yeux font la ronde sur tous les points du spectacle. Le voyez-vous maintenant prendre entre ses dents des poids de cent livres et faire avec, trois fois le tour de l'arène ? Ses yeux sont bas, ses jambes s'écartent, ses veines se gonflent, la sueur découle de tous ses membres, et ses deux épaules semblent toucher la terre. Courage Penforn !... Les mains claquent toutes seules... Ton antique renommée ne pâlira pas !...

Mais patience !... Le voici maintenant qui tient sur la pointe de son nez, par un miracle d'équilibre, sept lanternes allumées... et fait ainsi le tour de la salle sans branler d'un iota. (Ovation sur ovation.)

Levez maintenant les yeux, vous le verrez retomber du plafond, suspendu par les pieds, la tête en bas..... et vous tendant la main. (Explosion d'admiration à faire trembler les vitres.)

Sur ma parole, Monsieur, dit Madame la marquise, on ne saurait être plus amusant, plus aimable, veux-je dire..... Et pour lui témoigner personnellement sa satisfaction, elle se laissa baiser le bout de son gant et voulut elle-même se charger de la collecte d'usage pour qu'elle fût plus abondante. Il fallait bien défrayer les dépenses du pauvre artiste, qui avait mis tant de bonne volonté à venir de si loin pour leur donner une représentation à Montespan. Aussi le montant de la recette dépassa-t-il de beaucoup le total des espérances.

Le pître irradiait..... Jamais il n'avait vu tant d'or à la fois. Les doubles louis se détachaient de la main de la marquise pour aller se loger dans la poche de Penforn comme des hirondelles qui prennent leur vol...

Mosaïque.

Pendant qu'on s'amusait à Montespan, le roi s'ennuyait à Versailles... *Il ne pouvait se consoler du départ d'Olympe* (1). Les serviteurs qui l'approchaient *n'osaient lui parler. Dans sa douleur*, il lisait un *fragment* de Properce

---

(1) Nom donné à Madame de Montespan par Lafontaine.

ou un *verset* de Tibulle. *Souvent il se promenait* avec son grand air, seul ! prenant une allée par-ci, puis une autre par-là, ou bien regardait, dans les bassins de marbre, les *tanches s'ennuyer* comme lui et *se conformer à sa triste pensée.* Mais ces beaux lieux, *loin de modérer sa douleur*, ne faisaient que lui rappeler davantage le *souvenir de celle qu'il y avait tant de fois vue* auprès de lui ; tantôt il bâillait aux corneilles, tantôt il *se plaignait de sa grandeur qui l'attachait à Versailles...*

Celui qui n'a pas vu promener Louis XIV ne sait pas ce que c'est qu'un roi !...

Dans son âme *passaient et repassaient sans cesse* les souvenirs de sa chère absente, *et toujours passant* ces souvenirs vivaces *lui jetaient le nom de Montespan*.

La duchesse de La Vallière était encore maîtresse du roi, mais Louis ne voyait plus dans sa trop sensible amante l'unique objet de ses affections ; une autre femme avait captivé ses volages amours : cette femme, on la nommait tout bas...

Nous avons déjà averti le lecteur, au commencement de ces pages, que le fond de ce récit est emprunté au manuscrit de M. Arqué. Nous n'avons fait, pour ainsi dire, qu'y ajouter deux ou trois tableaux pour remplir les vides *et réparer des ans l'irréparable outrage*. Cette légende peut avoir un intérêt réel en ce qu'elle fait revivre en partie une époque, qui conserve un continuel caractère de saveur, et qu'elle montre à quel point les mœurs du jour diffèrent de celles du grand siècle.

Un mariage au château de Montpezat (1).

Tandis que la présence de madame la marquise attirait à Montespan le ban et l'arrière-

---

(1) Le plus remarquable des châteaux, situés dans le voisinage de Saint-Martory, est celui de Montpezat, dont parle Froissart dans ses mémoires « un très beau chastel et très fort pour le comte d'Ermignac, séant haut sur une roche et dessous, à un trait d'arbalette, est le chemin de la ville et la tour de la Garde. »
On y voit encore le haut donjon dominant un groupe de constructions, qui formaient jadis l'habitation des possesseurs de cette forteresse, qui furent les fondateurs et les bienfaiteurs de l'abbaye de Bonnefont, dont on peut encore admirer de nombreux restes derrière et non loin des collines de Saint-Martory.
Aujourd'hui, la forteresse a pris la forme d'un châlet, d'un charmant ermitage où un homme d'une haute science vient

ban de la caste nobiliaire, le mariage depuis longtemps projeté de Jacques de Lourdes

de temps à autre reposer sa tête et son cœur des luttes de la pensée. Nous avons nommé l'abbé Fabre d'Envieu, chanoine de Saint-Denis, ex professeur à la Sorbonne. Du haut de cette pyramide il peut, avec ses yeux puissants comme ceux de l'aigle, contempler les hautes cimes des Pyrénées qui lui représenteront les hautes cimes de l'Écriture : le Sinaï, la Judée, le Liban ; et dans la terre de promission qui l'entoure, il peut contempler des laboureurs et des pâtres comme Gédéon et David, ainsi que les idylles sans cesse renaissantes de Ruth et de Booz ; tous les tableaux de la Bible.

Saint-Martory tire son nom de nombreux et *saints martyrs* qui y furent massacrés par les Sarrasins, et dépendait autrefois du diocèse et de l'élection de Comminges.

Cette ancienne ville, aujourd'hui peu commerçante, n'est plus qu'un chef-lieu de canton avec une population de 1,100 habitants, dont les maisons sont pressées entre la montagne et la rive gauche de la Garonne. Sur l'étroite et longue langue de terre où repose la ville marchande, avec ses quais qui se mirent dans l'eau, passe la grande route de Toulouse à Saint-Gaudens. Un vieux pont, de trois arches, joint les deux rives et la fait aboutir à la gare. Son église, bâtie de vieux et étamée de neuf, se fait remarquer par son portail, détaché de Bonnefont, qui a conservé toute la pureté de l'art roman. Elle renferme, dans une chapelle spéciale, le tombeau de Claire-Mathilde de Marin, princesse de Berghes, de bienfaisante mémoire, morte en odeur de Sainteté, le 20 mai 1841, jour de l'Ascension de Notre-Seigneur.

Elle peut montrer, dans la cour de l'hôtel de la gendarmerie, une belle façade romane, qui a été transportée là, du cloître de Bonnefont. L'entrée principale et les croisées du premier étage sont encadrées dans des fûts géminés de marbre de couleur, dont les chapiteaux, richement sculptés, supportent d'élégantes arcades romanes.

Vis-à-vis la caserne est son château seigneurial (rivière entre), style Louis XV ; ancienne demeure des comtes de Peire, après qu'ils eurent quitté leur donjon d'en haut.

(nommé le plus souvent aujourd'hui de Lorde) avec damoiselle Jeanne-Rose de Miglos se concluait définitivement au château de Montpezat. Cette alliance de deux des plus anciennes familles du centre des Pyrénées, allait donner lieu à des fêtes et des réjouissances exceptionnelles. Rose de Miglos était une personne qui n'avait jamais quitté le château où elle était née. Élevée loin des plaisirs de la société et habituée de bonne heure aux entretiens pleins de bon sens et de raison de la plus tendre et de la plus éclairée des mères, elle avait échappé aux dangers des éducations mondaines et n'avait par conséquent aucune de ces qualités brillantes, aucun de ces talents d'agrément que l'on considère tant aujourd'hui. Tout en elle annonçait la femme du foyer, la femme de race... D'une simplicité antique, elle en atteignait la hauteur !

Rose de Miglos n'affectait pas les grands airs, ne cherchait pas à paraître plus grande, plus belle, plus capable qu'elle n'était ; elle connaissait sa valeur, son rang et en remerciait le ciel.

Active, infatigable, voyant tout de ses yeux, donnant tout de ses mains, elle ne perdait pas un seul instant. Le long de la journée, elle passait en revue le linge de la maison, le renouvelait et l'entretenait, et quand l'occasion s'en présentait, elle se faisait grande jardinière : on voyait toujours à son côté une longue paire de ciseaux pour briser quelques insectes ou pour couper les feuilles mortes de ses chères fleurs... tantôt elle travaillait à quelques-unes de ces tapisseries qui ornent les murailles d'une salle ou d'une chapelle, poèmes à l'aiguille où sont retracés les mystères de la religion ou les prouesses de nos anciens guerriers; le soir, elle brodait une cotte d'armes pour le châtelain ou une selle pour son destrier; d'autrefois, toujours en action, elle tricotait une étoffe grossière pour consoler quelque misère ; tout ensemble l'occupation de ce qu'il y a de plus noble et de plus vulgaire. Le reste de son temps, elle l'employait à orner de ses mains la chapelle du château, à assister les malades, à faire des lectures pieuses ou à relire quelque histoire des croisades. Les romans furent toujours sans attrait pour elle ; elle savait qu'ils faussent les idées et séduisent l'imagination au dépens du cœur qu'ils finissent par corrompre.

Aussi noble de sentiments que de nom, elle semblait avoir pris pour devise celle de nos anciens preux : *Point ne repose*.

A toutes ces qualités, elle réunissait une figure d'un charme extrême, à la fois douce, aimante, angélique : une rose du paradis, comme on disait alors.

Rose de Miglos était petite, mince, agile, et son genre de beauté ne voulait pas qu'elle fût plus grande. Blonde avec des yeux bleus, qui avaient l'expression des yeux noirs, le nez légèrement aquilin, les dents d'une éclatante blancheur, les mouvements pleins de grâce et de dignité ; tout, jusqu'à ses ajustements d'une simplicité aimable, s'harmonisait avec toute sa personne. Enfin, elle réunissait, pour dire à sa louange tout ce qu'on peut en dire, au tact exquis de la femme, un discernement juste et délicat qui la rehaussait encore...

Elle avait pourtant atteint sa dix-huitième

année. Cependant, plusieurs seigneurs, flattés de s'unir à la noble maison de Miglos, avaient demandé la main de Rose. Mais elle n'avait permis d'espérer qu'à son cousin le marquis de Lorde, jeune cavalier, grand amateur de tournois et de chasse, qui, après avoir passé sa jeunesse au milieu des camps, s'était enfin retiré dans sa terre, habitant le château de Mazères. C'était un beau type d'officier : tournure distinguée, figure martiale, avec des yeux bruns, très profonds, et le regard qui en sortait ne déviait jamais de son chemin...; une moustache noire faisait ressortir la blancheur mate de son teint, taille souple et bien prise, il avait un extérieur des plus sympathiques et parlait avec grande facilité sans jamais se livrer au bavardage; il lui arrivait bien, de temps à autre, de lancer quelques brocards, mais c'était uniquement pour ne pas laisser rouiller sa langue... Au demeurant, bien rond, bien franc et point vantard, nous l'avons dit.

Il avait rencontré le regard de Rose, à ce moment où les yeux d'une jeune fille laissent jaillir leur premier éclair, et, dans le fond de sa pensée, il se fit à jamais le fiancé de ce regard. Il sentit à l'instant qu'à cette adorable créature était lié le sort de toute sa vie ; il comprit que, désormais, pour elle serait tout son amour. Il entourait de respectueuses prévenances la douairière, et il ne se passait guère de semaine où on ne le vit arriver au château. Dominé par le charme de cette fleur d'innocence et de beauté, il avait oublié près d'elle tant de femmes brillantes qui avaient fait battre son cœur, mais sa violette des bois, comme il l'appelait souvent, lui prouvait dans certaines causeries que la femme, fille, épouse et mère se devait aux soins de l'intérieur et devait préférer la modestie à l'éclat. A vous, mon ami, ajoutait-elle, d'être magnifique, un grand seigneur doit être ainsi ; mais permettez à celle qui portera votre nom de ne rechercher que votre approbation, d'éviter surtout l'éclat qui fane le cœur des femmes et le séduit quelquefois... Sachez que la renommée ne suffit pas aux choses de la vie, et que l'ordre et la règle dans une maison sont nécessaires quand on veut vivre indépendant et tranquille. Ainsi elle parlait ; et si elle ne disait pas tout ce qu'elle pensait, elle pensait du moins ce qu'elle disait. Il ne suffit pas d'être aimable, disait-elle encore, il faut aimer. Vous ne ressemblerez point à ces maris qui offrent d'abord un bouquet d'œillets et de jasmin (style de l'époque) auquel succèdent bientôt des faisceaux de chardons et d'orties, et qu'ayant commencé par être des amants soumis finissent par être des tyrans despotiques... Un soupir monta de son cœur...

La cérémonie du mariage eut lieu, en effet, quelques jours après au château de Monpezat.

Qu'elle était belle, Rose de Miglos, le 25 septembre de l'année 1668, lorsqu'elle parut sur le seuil du temple saint, sous ses habits de neige, glacés d'argent, sous son voile de gaze et ses fleurs d'oranger !... On eût dit un lys à forme humaine, dissimulant à moitié l'ovale de son visage *rose*.

Elle était belle, en effet, lorsque sous un dais magnifique, placé à l'entrée du chœur, elle prononça son *oui* sacramentel, le visage empourpré par l'émotion. Ses compagnes, toutes jeunes et jolies, enviaient en secret son bonheur et la regardaient de tous leurs yeux. Au premier rang figuraient nobles demoiselles Angélique de Sabran, Alix de Foix, Blanche de Narbonne, Paule d'Hautpoul, Thérèse de Cabalby... C'était tout d'élégantes personnes, tenant dans leurs mains un livre d'heures, écrit en lettres d'or et d'azur. Cependant on remarquait, avec les meilleures intentions possibles, que leurs yeux n'étaient pas toujours fixés sur le charmant paroissien, et que leurs distractions devenaient de plus en plus fréquentes...

Les compagnons de Jacques, tous militaires à talons rouges, se faisaient remarquer par leur bonne et franche physionomie, autant que par leurs prévenances polies et empressées auprès des dames.

A ce mariage assistait encore la colonie de Montespan avec tout ce qu'il y avait de noble, de grand, de titré dans la contrée. Le coup d'œil était superbe et imposant. Les femmes, admirablement belles, se pavanaient dans des flots de satin blanc ou de mousseline crème, rose ou bleue... Les topazes, les rubis, les saphirs, tout cela y était aussi disséminé que les fraises dans la Bellongue... Les hommes correctement vêtus de velours galonné, le chapeau sous le bras et poudrés de blanc, redressaient leur tête et ne perdaient pas un pouce de leur taille.

Jamais, dans l'église trop petite, on n'avait vu une aussi éblouissante réunion, si bien que le chapelain, d'un naturel simple et timide, en eut les idées troublées, et qu'au lieu de prononcer l'allocution qu'il leur avait préparée avec tant de soin, il leur débita, sans y prendre garde, celle qu'il servait habituellement à tous les épousés.

La marquise en robe de satin jaune, à traîne démesurée, promenait sur l'assistance ce coup d'œil circulaire qui domine tout et ne voit rien, semblable à une gazelle, qui se retourne de la tête à la queue, relevant son port et donnant à son regard une expression fascinatrice.

Il y avait aussi dans le cortège bon nombre de prêtres, qui semblaient être venus pour sanctifier de leur présence la cérémonie du mariage.

L'église, ce foyer de lumière, ce sanctuaire de la paix divine, mais qui ne donne la lumière et la paix que si les fronts se courbent et que si les cœurs prient, n'était pour ces indifférents, cependant religieux, qu'un salon banal, orné de riches tentures, fleuri et parfumé. Pas une lèvre peut-être ne murmurait une prière dans cette assistance mondaine, hormis celles de la mariée, qui pensait, elle, plus à Dieu qu'aux dentelles et aux bijoux de sa corbeille... Et moins elle songeait aux parures brillantes, plus le ciel semblait s'incliner pour la voir... Son époux ne pouvant résister à tant de douceur et de modestie, vivait déjà de son amour ; il effleurait ses vêtements, il respirait son haleine... En achevant de prononcer le *conjungo* le prêtre se disait dans son âme : « Mon Dieu ! bénissez-les ; donnez-leur cette paix intérieure, ce bonheur intime qui manque souvent en ce monde à ceux-là même que l'on croit heureux !... »

De suite après la cérémonie, la noce entra dans un salon enveloppé d'ombrages, où elle se reposa jusqu'à l'heure du dîner. La table était dressée en forme de fer-à-cheval sur une haute terrasse dont les troncs lisses et argentés des platanes ressemblaient à des colonnes de marbre, soutenant un dôme de verdure d'où pendaient trois lustres en cristal de roche, constellés de bougies *roses*.

Pendant tout ce temps, on s'examinait des pieds à la tête comme si les toilettes n'eussent point été vues... on s'adressait tout bas de longs compliments sous lesquels se glissait quelquefois un grain d'innocente critique à l'adresse des couturières.

Quelle que fût la confiance de Madame de Montespan en sa supériorité, et quelques éloges que l'on eut prodigués à ses charmes, elle ne pouvait se dissimuler que l'expression virginale et naïve de la jeune mariée l'emportait infiniment sur sa beauté et ses grâces si vantées. La perfection de l'ensemble et des détails la désespéra, mais en courtisane habile et de race elle n'en fit rien paraître.

Les compagnes de Rose, au contraire, ne savaient que rendre hommage aux qualités précieuses de la mariée; elles s'extasiaient devant sa toilette sans aucune arrière-pensée...; elles se contentaient de s'approuver entre elles, sans rien dissimuler, sans rien envier.

On s'assit à la table du festin. Vous dire ce que c'était que ce dîner ne nous est pas possible, parce que nous n'y étions pas. (M. Arqué n'ayant eu rien à se mettre sous la dent, n'a eu rien non plus à se mettre sous la plume.) Mais nous savons, par un reporter de première classe, que les mets les plus rares et les plus exquis fumaient dans des plats d'argent et de vermeil et que les vins les plus recherchés montaient en crépitant au bord des coupes de cristal de Venise.

Au dessert, au pétillement du Lunel et de la blanquette de Limoux, le Champagne du Languedoc, et devant la triple séduction de la beauté du muscat et des *roses*, M. de Lauzun leva son grand verre pour porter la santé des nouveaux mariés, si aimés et si dignes de l'être. Si je savais poétiser, disait-il, je vous ferais un épithalame en règle, magnifique... Mais au diable les épithalames que les neuf sœurs renient !... Ce n'est pas mon métier ni mon talent, ma foi, vive la prose ! Elle va droit au but sans demeurer en chemin... D'ailleurs, je me souviendrai toute la vie d'avoir vu descendre de voiture deux femmes devant l'affiche d'un théâtre. La plus jeune s'écria : « Oh ! mamam, *c'est en vers !* » Et toutes deux s'éloignèrent en faisant fouetter leurs chevaux. Et aussitôt il se met à débiter des perles qui valaient des madrigaux.

Ensuite il lut, au nom de Madame la marquise, un quatrain qu'elle venait de faire sans préparation et par un mouvement inspiré et qui, à lui seul, valait aussi un long poème.

Nous ne savons pas précisément ce qu'il y avait dans cet impromptu, mais nous savons que jamais rien n'a été mieux dit.

Vers le soir, à cette heure vaporeuse qui n'est pas la nuit, mais qui n'est plus le jour, une garde d'honneur, formée de trente beaux jeunes cavaliers, fit escorte à la *maréchalerie* de Versailles jusqu'au château de Montespan,

En piquant leur coursier à coups d'éperon d'or.

Ici, M. Arqué fait une nouvelle pause... tousse deux ou trois fois, éternue haut et se mouche clair. Puis son imagination, surexcitée par l'insomnie et poussée par le souffle des souvenirs, s'avance de plus en plus dans le domaine de la légende. Il entame son second cahier.

Pantières du Col-du-Haut.

L'automne est, sans conteste, la saison des grandes promenades et des fêtes roulantes... Parmi ces fêtes, s'il en est une qui appelle de toutes parts les étrangers dans le pays, c'est bien celle de la chasse aux bisets...

C'est de cette chasse que Madame la marquise avait souvent entendu parler et à laquelle elle désirait assister avec ses hôtes.

Cette partie de plaisir, une fois décidée, il fut convenu qu'on se rendrait aux pantières du *Col-du-Haut* sous *Kagire* (1). On prit rendez-vous pour un jour de la semaine suivante, et l'on fit publier par la déesse aux cent voix que la séance serait publique et qu'on entrerait sans carte.

---

(1) Le pic de Kagire s'élève en forme de cône gigantesque entre Aspet et Saint-Béat, et se voit de toutes parts. De sa cime empanachée, sa vue embrasse toutes les Pyrénées et les plaines du Languedoc.

Pour cette excursion, une cavalcade à âne fut organisée, partant de Montespan jusqu'aux pantières du Col-du-Haut ; et comme pour une cavalcade à âne, il faut des ânes, de même que pour faire un civet, il faut un lièvre, on mit en réquisition tous ceux du pays (entendons-nous). L'âne est le suppléant du cheval..... Le prophète Balaam allait au camp des Moabites, monté sur une ânesse ; un âne servait encore de monture à la Sainte Famille, lorsqu'elle fuyait en Égypte ; enfin, lorsque Jésus-Christ entra dans Jérusalem, il était aussi porté par une ânesse, et peut-être même l'avait-il choisie parce que l'âne n'est pas aussi élégant que le cheval !...

En avant donc pour Kagire !... Pour aimer ce pays, il faut aimer la montagne, les torrents et les forêts, tous les genres de culture et tous les genres de stérilité.

Le 30 septembre, à peine l'astre brillant du jour commençait à lécher les crêtes blanches des Pyrénées et à jeter un sourire opale sur les braves habitants du Commingeois, qu'on vit arriver, attirés par la nouveauté du spectacle, tout ce que Saint-Gaudens, Salies,

Aspet comptaient d'amateurs et de gens oisifs, chacun monté sur son coursier à longues oreilles et accompagné de sa dame en selle à fauteuil et en ombrelle cravache.

Les voilà partis !... Les plantes, les fleurs, les tendres arbustes relèvent à leur aspect leur tête humide de rosée avec leur parfum du moment. Les oiseaux, secouant leurs ailes, éclatent en chansons, les guides en jurons et les ânes embouchent leurs clairons...

Attention ! attention ! cavaliers, tenez-vous bien ! s'écriait de Lauzun, avec sa voix de commandement. Les mouchoirs s'agitent, les adieux se croisent, les lazzi volent de bouche en bouche, tant qu'on est en vue...

Si, par hasard, un soubresaut les tournaient, talons par dessus tête, arrêtez ! arrêtez ! s'écriait le même M. de Lauzun. Et alors, un rire tintamarresque venait se placer là où il aurait dû être impossible. Ces culbutes, plus ou moins dangereuses, que, par euphémisme, la marquise appelait des mésaventures, se renouvelaient assez souvent, mais on en était ordinairement quitte pour la peur...

Arrivée à destination, la caravane, harassée d'une aussi longue course, se suspendit aux flancs d'un rocher comme un essaim de colombes et put toucher de la main ce qu'elle n'avait touché que de l'œil.

Voici comment se fait cette chasse si courue et si amusante :

Deux pics surgissent parallèlement, laissant passage à un vallon étroit. Là, un filet aux mailles presque imperceptibles barre transversalement le passage du col, à la hauteur d'environ sept mètres. Blotti dans la verdure d'un arbre très élevé qui lui sert d'observatoire, un fin arbalétrier, lorsque les oiseaux passent trop haut, leur lance, avec une adresse admirable, un simulacre d'épervier (l'effet de la peur est de donner à la colonne aérienne la direction de la gorge). Effrayés par cette subite apparition, les oiseaux baissent alors leur vol et vont donner en étourdis contre le filet qui, en tombant sur eux, devient une immense poche dont ils ne peuvent plus sortir. Les chasseurs se précipitent aussitôt sur les volatiles et les tuent sans pitié, l'un après l'autre, en leur tordant et brisant le cou sous la dent.

A un de ces moments, les dames de la Cour descendirent précipitamment de la colline où elles s'étaient postées pour mieux voir à leur aise cette chasse si intéressante et l'examiner en détail à l'aide d'une lunette dont elles avaient eu soin de se prémunir.

A un de ces moments, disons-nous, l'escadron princier se jeta sur les filets. Les mains légères des dames soulevèrent les mailles du réseau et caressant ces pauvres captifs au bec ouvert, à l'œil clair et suppliant. A leur aspect le cœur de Madame la marquise s'ouvrit à la pitié. « Créatures innocentes et douces, disait-elle en leur effleurant les ailes de sa main veloutée, pauvres petits prisonniers, que la fourchette vous soit légère !... »

On vit Madame de Thianges s'attendrir : Pauvres petites créatures qui, après avoir aspiré leur gouttelette de vie, dit-elle, s'en vont et ne reviennent plus...

— Que tu es bien faite, que tes couleurs sont douces, gentille tourtourelle ! dit Madame de Saint-Valéry ; qui t'a donc créée si jolie ?...

— Oh ! le joli petit oiseau ! s'écria Madame de Soubise, qu'il est joli, qu'il est éveillé ?...

— Madame de Fontaine-Martel, trouva celui qu'elle tenait, si joli, qu'elle eut envie de causer avec lui : Bel oiseau comment t'appeles-tu ?... Veux-tu venir avec moi ?...

En entendant ces douces paroles, le bel oiseau s'envola et disparut derrière les arbres... Jugez de son exclamation ! Il semblait lui dire : tu ne me verras plus...

Mademoiselle de Mareuil eut pitié d'un rouge-gorge aux yeux suppliants : « Hélas ! si jeune encore, disait-elle, par quel crime a-t-il pu mériter son malheur. »

On juge par là que si la chasse est quelquefois fermée aux chasseurs, leur cœur reste toujours ouvert à la pitié.

On est presque tenté de demander pardon à ces innocents et timides ramiers du plaisir cruel qu'on a goûté à les voir se précipiter dans les pièges où les attendaient l'esclavage et la mort...

Quelques minutes après, des femmes vinrent ramasser ces pauvres captifs et les mettre dans des paniers pour être expédiés à la ville.

Après cette admirable capture, deux fois

renouvelée, la caravane alla faire halte dans le voisinage d'une source où buvait une vache *(mammosa)* qui leur fit cadeau de tout son lait. C'était simple et appétissant. Un chêne séculaire, dont la vaste tête dominait tous les arbres d'alentour, leur prêta son ombrage.

Cet arbre leur parut d'une antiquité tout à fait respectable. Chacun tenant à rapporter un souvenir de son voyage, les coups de canif ne lui furent pas épargnés. Tous ces Messieurs étaient de grands amateurs de raretés. Le comte de Guiche en possédait une collection que nul ne pouvait égaler ; il l'avait formée lentement, avec art, avec goût, non seulement au prix de sacrifices de toute espèce, mais encore par des fatigues, des travaux et des voyages sans nombre.

— J'aime ces géants de la forêt, dit le duc de Lauzun, j'admire leur tronc vigoureux, ils savent rompre, s'il le faut, mais rompre sans plier !...

— Dans l'humaine forêt que les chênes sont rares ! dit Madame de Montespan.

— J'aime ce roi des monts, dit à son tour le comte de Guiches, il me rappelle les *vieillards* qui entourent mon château.

— Assez parlé du chêne, dit Madame la marquise, pensons à déjeuner... En un clin d'œil, le couvert fut dressé, l'argenterie étincela sur une nappe blanche comme la neige jetée sur des claies rapprochées, servant de table. Là parurent les volailles froides, les pâtés de lièvre, les jambons glacés, du beurre fraîchement baratté, du pain bis de la dernière fournée pour les tartines, et bientôt après défilèrent les pièces de gibier qui tournaient en plein vent, sur des broches de bois ; une montagne de choses en un mot où étaient représentés tous les produits de la montagne. M. de Lauzun saisit un biset un peu saignant, au bout d'une petite fourchette, et, de la pointe de son couteau, il le découpa prestement avec une dextérité de vieux chasseur. L'appétit, avivé par l'air pur, ne bouda, comme on le pense bien, aucun de ces mets. — Ma foi ! vive un repas servi sur les croupes des Pyrénées, s'écria M. de Lauzun. Je le jure par mes états de service, moi qui jamais ne jure, jamais je ne me suis senti d'aussi formidables dispositions. Ensuite, donnant un premier coup de couteau dans la chair d'une sarcelle sauvage, releva brusquement la tête et regarda fixement la marquise. — Un tantinet, dit-elle, d'une voix faible comme un souffle.

— Et vous ? — Et vous ? — Et vous ?...

Le repas fut gai, la joie est communicative ; on mangea et on rit plus qu'on ne discuta, et les digressions roulèrent plus sur les bons morceaux que sur les affaires de la triste humanité. Puis M. de Lauzun se retournant du côté de Mademoiselle de Mareuil :

— Vous devez aimer les fruits ?

— Oh ! je les adore.

— Préférez-vous la châtaigne ? Pour moi, qui suis très décidé pour elle, je la vanterai avec plaisir, en supposant que ce fruit ne vous déplaît pas.

Il en est de plus doux, mais qui passent bien vite ;
La châtaigne, au contraire, a le rare mérite
De faire au moins trois mois les honneurs du dessert,
Et de faire plaisir tout le temps qu'on la sert...

Ensuite, un monstrueux pâté fit son apparition au milieu d'un quadrilataire de bouteilles de Champagne. Tandis qu'on le mettait en morceaux, un berger et une bergère vinrent se placer devant la table rustique en chantant sur leur guitare de petites ballades montagnardes, comme celle-ci, aux applaudissements de la foule :

> Akéros mountagnos
> Qué ta naoutos soun,
> Qué ta naoutos soun,
> M'empachon de bédé
> Mas amours oun soun,
> Mas amours oun soun.
>
> Se sabi las bédé
> Ou las rencountra,
> Ou las rencountra,
> Passaré l'aïguetto
> Sen poou d'en néga,
> Sen poou d'en néga.

Puis quatre bergers se précipitèrent dans l'arène avec leurs jolies danseuses, et dansèrent *la Camada*, aux sons aigus du *galoubet*. Madame la marquise et sa suite admirèrent longtemps l'agilité des garçons qui, en sautant avec grâce, levaient leurs pieds au-dessus de la tête de leurs danseuses, en faisant claquer leurs doigts ; elle ne put s'empêcher de pousser un cri d'étonnement lorsqu'elle vit toutes ces jeunes femmes enlevées de terre et soutenues en l'air par leurs cavaliers, qui les faisaient tournoyer au gré de leur caprice. Le plus galant est toujours celui qui élève le plus haut sa danseuse.

Madame de Montespan se mit à fredonner une ariette.

Au moment du départ, elle leur jeta sa bourse, en *jetant* un dernier regard à ce charmant endroit, sur ces beaux filets... et tous de répéter, d'une voix vibrante et populaire :

>Akéros mountagnos
>Tant qué duraran,
>Tant qué duraran,
>De vostro présenço
>Sé souvenguéran,
>Sé souvenguéran.

Bissez le refrain, hop ! s'écria de Lauzun, et les voix vibrantes de recommencer.

Une visite à l'abbaye de Bonnefont

Pour une intelligence élevée, une excursion n'est pas seulement une fenêtre de plus ouverte sur le monde extérieur, c'est aussi l'occasion d'un retour heureux sur soi-même, presque toujours une source d'émotions où la pensée s'épure et s'agrandit, où l'imagination se retrempe et se vivifie...

A une distance d'environ huit kilomètres de Montespan, de l'autre côté de la Garonne, mais dans une direction plus rapprochée des collines de Saint-Martory, était située l'antique abbaye de Bonnefont. Cachée, enfoncée dans une espèce de conque, environnée d'une ceinture de murailles comme d'un cilice, on ne la découvrait, pour ainsi dire, qu'au moment de l'aborder. A l'époque dont nous parlons l'abbaye était dans toute son efflorescence, et on venait de fort loin visiter la célèbre communauté (1).

(1) L'abbé de Bonnefont exerçait une juridiction étendue, et jouissait de beaucoup de privilèges; l'administration des sacrements d'ordre et de confirmation était la seule fonction épiscopale qu'il n'eût pas pouvoir de remplir.

A vol d'oiseau, il n'y avait qu'un pas, mais par terre il fallait se tracer presque une route, aller droit ou en zig-zag, à vous de choisir... Là, sur ces chemins impraticables, s'abandonner sans réserve aux ânes..... était ce qu'il y avait de mieux à faire, si on voulait éviter un serrement de cœur ; mais il fallait du temps, du temps..., toutefois, avec les ânes et le temps, on pouvait partir de Montespan après déjeuner et être rentré au dîner.

Allons à Bonnefont, s'écria la marquise, allons voir ce monument de foi et d'amour, où les douleurs de la terre se sont enveloppées des consolations du ciel.

A Bonnefont ! à Bonnefont ! s'exclamèrent tous à la fois, sur le ton du cri des *Croisés* : Dieu le veut ! Dieu le veut !

Et, profitant des coursiers de la veille, ils allèrent le lendemain à Bonnefont avec le même entrain qu'à Cagyre, avec autant de *hi-hans*, de selles qui tournaient, et de galops qui finissaient *ventre à terre*. Arrivés sur les lieux, ils frappent à la porte du monastère. Un moine, dont le capuchon ne laissait voir que les yeux, se montre aussitôt : Ici, dit-il, l'entrée est interdite aux femmes. Son attitude était imposante, son regard ferme, la parole brève avec un fonds de soldat.

— Mais vous, mon cher frère, vous pouvez entrer, ajouta-t-il. (Les dames s'éloignent.)

— Vous me croyez utile au couvent ?

— Je ne vous crois pas utile au couvent, mais le couvent pourrait vous être utile ?

— Voulez-vous me faire finir mes jours dans l'*in-pace* ?

— Comment, c'est toi... Lauzun? Puis-je en croire mes yeux...

— Oui, c'est moi ! Te souviens-tu quand nous faisions p....r au colonel des lames de rasoir en travers ?

— Nous n'étions pas de ceux qui achètent la bienveillance par des courbettes.

— On te croyait parti pour les îles... Qu'es-tu venu faire dans ce moutier ?

— Me sauver ! Écoute, mon frère, j'ai fait un vœu, rien ne saurait le rompre,

— Tu veux donc confire là dans ton jus ?...

— Je veux me consacrer à Dieu et le servir ici même.

Qu'irai-je chercher parmi les vivants ? Il y

a trop de bonnes raisons pour ne pas y revenir...

— Il y en a toujours d'excellentes pour ne pas en sortir.

— Hélas ! si tu voulais me suivre, mon vieux camarade, que tu perdrais peu de chose en perdant le monde ! Ne sais-tu pas que tout n'est que vanité ; que quiconque ne boira que de cette eau, sera toujours altéré ; qu'il disparaîtra comme un songe, s'évanouira comme une vision ?...

— Quoi ! c'est la théorie qu'on t'enseigne au couvent ? Servir un Dieu qui fait un crime du plaisir et un mérite de la souffrance ? Vous dites que votre Dieu est mort pour nous, bon ! mais s'il faut mourir pour lui, où est l'avantage ?

— Son royaume n'est pas de ce monde.

— Oui, mais nous en sommes de ce monde.

— Quoi ! ce sont là tes raisons... Tu es donc décidé à ne pas te corriger ?...

— Me corriger, de quoi ?

— Tu sais bien ce que je veux dire... Que poursuis-tu... Une chimère ? Sers Dieu sur l'heure même.

— Tu sais bien que les canons à mitraille m'ont brouillé depuis longtemps avec les canons de l'église.

— Entre, je t'en supplie, je t'en conjure... *Frappez, il vous sera ouvert.*

— Nenni, nenni, mon frère, cela ne me plaît pas.

— S'il te plaisait de m'écouter ?...

— Point ! point ! Tu en as assez dit, je te dispense du reste...

Le frère haussa les épaules en homme qui ne veut pas pousser à bout un adversaire trop ardent, qui doute et qui raille par dessus le marché.

— Crois, pauvre enfant, là est le salut... Crois ! te dis-je... Et si tu ne veux pas cesser ton ignoble existence, va-t'en ! je ne te verrais plus... Mais malheur à toi ! si tu ne te convertis pas...

A ces mots, il laisse retomber son capuchon sur la tête, et ferme le guichet en chantant assez fort pour être entendu de tous : *Vive Jésus, je crois, je suis chrétien !... Censeurs, je vous méprise...*

Le bonheur, c'est la vie ! dit Lauzun. Ces

gens-là ne vivent pas, ils végètent ; oui ! ils sont comme les huîtres sur un rocher, mais les huîtres sont heureuses ! Ah ! oui, voilà des gens heureux à leur manière...

Le duc de Lauzun était athée avec les croyants et croyant avec les athées.

Une légende dans une légende.

On raconte que c'est dans ce saint asile, qu'un jeune homme de vingt ans vint un jour dompter sa nature fougueuse et s'arracher au monde.

On le vit arriver un soir, accompagné d'un vieux militaire ; il monta d'un pas rapide à la chambre du prieur, d'où le militaire descendit bientôt seul... Le jeune homme ne reparut que le lendemain couvert de la robe des novices. Jamais le prieur ne lui parla sans avoir la voix émue. Quand il levait haut sa belle tête, toutes les autres s'inclinaient par un mouvement involontaire. Quand il sortait pour aller dans la campagne porter l'aumône, il jetait sa pièce d'or sans l'accompagner d'une parole, excepté un jour où il dit à un pauvre avec la voix qui commande : *Vivez, puisque c'est tout ce qu'il vous faut.*

On devine que la renommée du jeune moine s'en accrut. On accourait de très loin, le dimanche, à la messe de Bonnefont dans l'espérance de le voir...

Une nuit on vint l'appeler de la part d'un laboureur, qui, à son heure suprême, implorait la bénédiction du jeune moine, de cet être qu'il croyait surnaturel parce qu'il ne le comprenait pas. Le cénobite se rendit près du mourant et lui dit à l'oreille des paroles qu'on n'entendit point, mais qui portaient avec elles le courage. Quand le laboureur eut expiré, le moine le regarde quelque temps ; puis il s'écria avec une voix qui semblait sortir de la gueule d'un canon : *Voilà donc la mort ! va, tu ne mérites pas qu'on te craigne.*

Quel était ce moine ? Nul n'a pu savoir son nom... Quel éloge de son caractère et de son cœur d'avoir voulu et su rester inconnu !...

L'abbaye de Bonnefont était alors dans toute sa splendeur. Assise au milieu de ses domaines dont l'étendue égalait celle des fiefs les plus riches, comme elle étalait avec complaisance la majesté de son édifice qui s'élargissait de jour en jour ! Orgueilleuse de posséder dans son sein les dépouilles mortelles des comtes de Comminges et des plus respectables religieux, comme elle recevait avec présomption les visites des preux chevaliers qui venaient s'agenouiller sur les dalles de son église !...

Quel silence de mort dans cette solitude ! s'exclama Madame la marquise. Où trouverait-on un site plus approprié aux dispositions d'âme de ceux qui l'habitent ?...

— C'est une prison, dit Madame de Saint-Valéry, qui les tient captifs sous l'écrou de leur vœu ; un cercueil anticipé où nul bruit du monde n'arrive...

Le cœur de Madame de Courtenvaux battait comme une cloche.

— Mais ici on a l'idéal du beau, dit Madame de Longueville. N'êtes-vous pas frappées comme moi par la majesté et le grandiose de cette architecture hardie et savante ? Arrêtez vos regards sur ces arcades, ces volutes, ces dentelures sculptées par le ciseau des moines, conduit par le génie de l'art chrétien...

En ce moment même, elles furent rejointes par le duc de Lauzun.

En présence de ce monastère, où s'étaient retirés ces fervents cénobites pour pleurer sur les crimes du monde et désarmer la colère céleste, l'âme de Mademoiselle de Mareuil devint lugubre et triste, et il s'en échappa un soupir, un regret. C'est bien ici, dit-elle, qu'il ferait bon méditer sur le néant des grandeurs humaines... Ici, dans cette retraite, plus de fêtes brillantes, plus de mondanités. Dieu ! rien que Dieu ! Lui seul remplit tout.

Mademoiselle de Mareuil était âgée de vingt ans à peine. Orpheline de bonne heure, elle avait vécu à l'ombre du cloître parmi des compagnes pures et chastes comme elle. Elle n'avait qu'une idée confuse du monde, dont le bruit n'arrivait jamais jusqu'à elle. Grande, svelte, de proportions accomplies, elle était brune avec de grands yeux noirs et d'une beauté resplendissante.

Un jour, elle reçut la visite d'une tante qui vivait à la Cour, et la tenait de loin sous sa protection.

Comme elle était douce, bonne et affable, elle était devenue l'idole de cette tante qui lui tenait lieu de mère ; elle était venue lui parler d'un voyage aux Pyrénées, qu'elle se proposait de faire avec d'autres dames de la Cour, et l'engager à se joindre à elle, alléguant que ce voyage serait utile à sa santé, si frêle et si délicate ; elle lui vanta en même temps les beaux sites des Pyrénées, les belles eaux et l'air pur des montagnes ; puis, pour tout dire, elle voulait qu'avant de prononcer ses vœux elle vit un peu le monde.

Elle n'eût donc aucune peine à la déterminer et se la faire suivre... Mais, forte de sa vocation et fidèle à ses pratiques saintes, Mademoiselle de Mareuil ne s'écarta jamais de la ligne de ses devoirs ; elle resta, au milieu de ses nouvelles compagnes, ce qu'elle avait toujours été, quoique la galanterie fut regardée de ce temps-là comme une obligation et une sorte de gloire. Elle portait dans toute sa personne de chastes et modestes grâces, et une pudeur aimable qui inspiraient à tous le respect.

Voilà comment Mademoiselle de Mareuil faisait partie de la colonie de Montespan.

Après avoir plusieurs fois parcouru et admiré ce saint asile, entendu chanter ces voix graves et ferventes, qui ne rompent le vœu du silence que pour prier et louer Dieu — et avoir bu à la fontaine où les moines se désaltèrent — la caravane reprit le chemin de Montespan.

Chasses.

Pour varier les plaisirs de la campagne, il n'est rien tel que la chasse.

La chasse est le délire du bonheur, la gloire des vrais disciples de Nemrod.

Cependant, nous devons dire que la chasse n'a pas toujours été tolérée en France : sous la première race de nos rois, on eut l'idée de la défendre dans les forêts royales. Sous la seconde, on fit des lois assez sévères. Saint Louis interdit formellement au peuple de chasser... Henri IV promit aux paysans de leur donner la poule au pot, mais il ne leur parla jamais de mettre la perdrix à la broche.

Remarquez donc que la chasse est d'antique noblesse, aussi noble que les ducs de Lévis, qui se disent cousins germains de la sainte Vierge ; aussi noble que les ducs de Montmorency, dont relevaient plus de six cents fiefs et auxquels elle emprunte leur loyale et courageuse devise : *Je maintiendrai*, c'est-à-dire : *Je me maintiendrai...*

Oui, *elle se maintiendra* en vogue et en réputation. Tous ont la même manière de voir là-dessus. Aussi, des hures de sanglier, des têtes de cerf, des pieds de biche auraient mérité l'honneur de figurer à côté des fleurs de lys et des abeilles dans les écussons et les armoiries.

Écoutons l'homme le plus passionné pour la chasse qui fût jamais, c'est nommer Gaston Phœbus, comte de Foix, et seigneur de Béarn. Il prouve dans son livre intitulé : *Le Miroir de Phœbus*, « comment bon veneur ne peut avoir nulz des sept pechez mortelz. Car, quand on est oiseulx et negligent, sans travail, et on est occupé à faire aucune chose, si on demeure en son lit ou en sa chambre, c'est une chose qui tire à ymagination du plaisir de la chair. Car il n'a cure de demourer en ung lieu, sans penser en orgueil, en avarice, en ire, en paresse, en goule, en luxure ou en envie. » Ce qui l'amène à conclure que « un bon veneur aura en ce monde joye, léesse et deduit et après aura paradis encore. »

Depuis le premier jour, les plus hardis de la troupe nourrissaient la pensée d'aller *assassiner* les coqs de bruyère sur les cimes boisées de l'*Estélas* (1); ils s'y rendirent donc une de ces nuits, avant l'aube, armés et équipés selon les lois de la chasse.

---

(1) Montagne aux confins du Saint-Gironnais, du haut de laquelle on peut voir distinctement Toulouse, et qui fut, en 1829 et 1830, le théâtre des exploits des *Demoiselles*. Sous ce nom de Demoiselles, des paysans insurgés, portant une chemise blanche sur leurs habits et coiffés de bonnets de femmes, incendiaient les bois et poursuivaient, armés d'une hache ou d'un fusil, les gardes forestiers qu'ils menaçaient de mort, et pour lesquels ils avaient creusé d'avance trois fosses, surmontées de trois croix, près d'un rocher, appelé la table des *Quatre-Seigneurs*. En peu de jours, toutes les montagnes d'Ax jusqu'à Aspet se couronnèrent de ces paysans déguisés. Ils s'étaient soulevés pour réclamer des droits nombreux qu'ils possédaient jadis sur ces bois et qui avaient été supprimés par le nouveau code forestier.

Une légère brise passait dans les hautes futaies ; au-dessus des arbres, la lune coupait de son fin croissant le ciel tout brillant d'étoiles, et la vallée entière dormait sous ses rayons. Cette solitude, cette absence de tout bruit, cette nuit douce de moiteur imprimèrent à leur âme un religieux recueillement. Les montagnes appartiennent plus au ciel qu'à la terre. Il semble qu'en nous élevant avec elles nous prenons un essor de l'âme plus haut... Se voir sur la montagne à cette heure, quel tableau plus émouvant pour des hommes qui n'étaient peut-être jamais montés plus haut que la butte de Montmartre !...

Mais ce calme heureux, ce repos momentané ne tarda pas à être troublé par les coups de feu répétés qui se firent entendre dans les bois. Pan !... Pan !!... Pan !!!... et tombent aussitôt les coqs comme des oiseaux de plomb... Il se fit un moment d'attente, et bientôt après, une douzaine de ces victimes ailées, au plumage en émoi et maculé de sang, furent ramassées et expédiées *franco* dans les gourbilles d'un âne sur Montespan.

Le lendemain de cet exploit superbe, ils en

méditèrent un autre plus important : il s'agissait cette fois de réduire un sanglier d'une taille énorme qui commettait depuis longtemps de grands ravages dans la contrée.

Monsieur de Montespan, qui avait pris l'initiative de cette expédition, voulut en prendre aussi la direction. Nul d'ailleurs n'était plus familier que lui dans la topographie des montagnes.

Le marquis, en effet, était aux yeux de tous un chasseur avéré, qui avait fait crever un nombre incalculabe de chevreuils et tué un assez grand nombre de lièvres pour que tous ses paysans eussent des bonnets avec leur peau. Il était réellement né avec le feu sacré de la chasse, qui ne s'éteint jamais. On raconte de lui qu'à douze ans, il faisait glorieusement tomber de la voûte du ciel le milan qui faisait sa ronde, et arrêtait dans sa course bondissante le chamois qui aspirait l'air dans une *maladetta* quelconque.

Guidés par un si bon veneur, ils furent mis bientôt sur la trace du sanglier, et la bête fut lancée et poursuivie selon toutes les règles. Après mille tours stratégiques, faits dans tous les sens, de part et d'autre, de midi à cinq heures, ils virent enfin le fauve déboucher du centre de la forêt par un boyau de chemin, dont l'immense contour arrivait jusqu'à eux.

On le laisse approcher de deux portées de fusil; dès qu'il fut possible de le cerner, on lui coupa la retraite. La bête alors s'arrête, le museau au vent, se retourne comme pour chercher une issue, et fait entendre un grognement sourd. A ce moment, trois coups de feu partent à la fois, et la meute, qu'on retenait à dessein, se jette sur l'animal. Les chiens flottent devant lui, autour de lui, et finissent par le coiffer... Mais bientôt pliant sous le nombre et vaincu par la fatigue, il succombe... et déjà on le tient pour mort. mais par un vigoureux élan, la bête se remet sur les pattes. Soudain, M. de Montespan lui jette à bout portant toute la charge de son espingole. Au milieu de la fumée on voit briller les yeux sanglants de l'animal. Puis, une seconde balle lui casse les deux mâchoires du coup, et lui met le ventre en l'air. Il est mort! s'écrie le marquis, et il en prend possession en sautant à pieds joints sur son flanc droit. Les chiens alors redoublent leurs aboiements, et piqueurs et valets font entendre des clameurs et des hourras à faire trembler la montagne et la plaine.

Bon, dit de Lauzun, en voilà un qui n'est pas mort de la rougeole.

Après avoir accompli un si glorieux exploit, nos chasseurs ne tardèrent pas à regagner Montespan, où ils trouvèrent *bon gîte et le reste...* Là, ils se réconfortèrent de leur mieux, et dormirent, le soir, comme des rois, *en supposant qu'un roi dorme mieux qu'un autre homme.*

Autour du manoir seigneurial, régnaient des terrasses et des galeries disposées pour la promenade ; on y allait souvent respirer l'air frais du matin ou la brise du soir. En différents endroits étaient placés des sièges rustiques, d'où ils pouvaient jouir du beau panorama étendu sous leurs pieds. A côté de ces bancs, il y avait des tables de marbre garnies de toutes sortes de jeux. On y déjeunait à l'occasion. Mille petits vaisseaux de vieux Sèvres ou de faïences rares y présentaient café au lait, chocolat, biscuits, fromage à la crême et œufs brouillés au fromage, comme au château de La Bruyère, d'inoubliable mémoire.

On s'y sentait heureux, pleinement heureux.

CAUSERIES

Où la tour de « Babil » monte plus haut que la tour de Babel.

Pour saisir l'agrément de ces délicates causeries et en apprécier tout le mérite, il faudrait bien se représenter la haute société française du temps de Louis XIV, et se placer par l'imagination au point de vue de Saint-Germain et de Versailles. Combien de choses alors charmantes, qui, dites aujourd'hui, paraîtraient faibles et pâles comme ces pièces de monnaie qui sont effacées par la circulation... Il n'y a que le temps qui puisse fixer le prix de chaque chose.

M. Arqué n'était pas un homme de Cour, ni un homme de la Cour, c'était une impossibilité de la Cour ; il n'en avait ni les grâces ni les manières, il n'en avait pas non plus les vices : il n'était ni envieux ni jaloux. Ce n'était pas non plus un de ces hommes qui vous comblent de caresses en particulier et qui sont embarrassés de vous dans le public, qui évitent de vous regarder, ou qui ne vous saluent plus. Il n'agissait jamais contre les sentiments de son cœur.

Une constante tradition nous apprend qu'il était au contraire très bonasse, accomodant pour tous et rempli d'amitié. Asseyez-vous là, mon brave, disait-il à son client. Si vous avez trop chaud, ôtez votre veste ; si vous n'êtes pas bien dans mon étude, nous irons nous mettre à l'ombre sous le pommier *reynet* de mon verger (historique); si vous n'entendez pas trop le français, je rédigerai votre acte en patois ; si vous le trouvez trop payé à trois livres, je vous le passerai à trente sols... et si vous n'avez pas dîné, vous dînerez avec moi !..... En attendant prenez une bonne prise.

Maintenant que vous l'avez devant vous, rendons-lui la parole :

Soyez plus indulgents, nous dit-il, qu'on

— 101 —

ne l'est ordinairement, en pareil cas, et je vais tâcher de vous rendre quelques-unes de ces causeries charmantes qui faisaient du château de Montespan ce qu'on appelle *une maison agréable*. Je les ai consignées toutes dans mon journal.

Souvent la conversation générale se divisait en deux branches comme la cataracte du *Niagara*; elle s'en allait mi-partie du côté des hommes, mi-partie du côté des femmes.

Du côté des hommes, on discutait gravement sur les affaires publiques d'abord, et insensiblement on tombait sur les affaires privées.

A-t-on des nouvelles de l'île de Candie, disait le duc de Longueville. Le bruit court que soixante mille Turcs y sont entrés et que le Roi fait appareiller son escadre de Toulon pour y transporter sept ou huit mille hommes, commandés par le duc de Beaufort, et vous savez ce que coûtent les expéditions lointaines...

— Nos charges, murmurait le duc de Saint-Aignan, sont déjà trop lourdes pour pouvoir en supporter de nouvelles, et ce n'est pas sans raison que le peuple jure et gronde. Nous le voyons par nous-même, les terres ne rendent pas, et on a toutes les peines du monde pour vivre à Paris. J'ai beau presser mes fermiers et les accabler de frais de justice, je ne fais que les rendre plus insolvables : je n'ai jamais pu voir cent pistoles à la fois.

— C'est mauvais, la terre, ajoutait Montchevreuil, quand elle est tenue par des gens qu'on peut faire mettre en prison, qui prient Dieu pour vous, à ce qu'ils disent, et qu'ils m'assurent, en même temps, que pour de l'argent je ne dois pas y compter.

— J'en suis au même point, disait le comte de Guiches, mes tenanciers ne pensent plus à moi, et mes autres débiteurs font les années de vingt-quatre mois au lieu de douze. J'ai beaucoup de mon argent dans la poche des autres et je n'ai pas un sou qui me gêne : M. le comte de *** met mes écus sur une carte ; M. le duc de ***, mène joyeuse vie, et ne songe ni à moi ni au nom qu'il porte ; le marquis de *** me croit certainement dans l'autre monde. Ne serait-il pas temps de rappeler à ces messieurs que je vis encore...

L'entretien des femmes n'était pas seulement consacré à ces jolis riens, à ces fines anecdotes qui nous enchantent, la littérature, les romans, voulons-nous dire, avaient leur large part dans ces joutes de la pensée. On s'extasiait sur la vérité de telle ou telle situation, sur le mérite de telle ou telle scène... C'était d'ailleurs le sujet à la mode. Chacune d'elles formulait, en un mot spirituel ou profond, sa préférence ou son approbation de l'ouvrage de l'auteur.

J'avoue, dit l'une, que je ne saurais me dispenser d'opter pour Corneille, le poète demi-dieu, le père immortel d'*Horace* et du *Cid* et de tant d'autres pièces justement célèbres.

— Pour moi, dit à son tour Madame de Soubise, je serais pour Racine, le père non moins immortel d'*Athalie*, le chef-d'œuvre d'un poète qui n'a fait que des chefs-d'œuvre...

Puis laissant Corneille et Racine en repos, chacune d'elles disait son sentiment sur d'autres véritablement grands poètes.

— Pour moi, dit Madame de Montespan, je suis prête à accorder la palme à Boileau... Avez-vous lu sa dernière épître au Roi ?

— Ah! vous y voilà, fit Madame de Thianges.

— Ce sont de nobles sentiments et noblement exprimés, reprit la marquise.

— Je l'aimerais beaucoup, dit à son tour Madame de Saint-Aignan, s'il n'eût pas écrit contre nous sa satire X.

— Taisez-vous! il vole à pleines mains Horace et consorts, ajouta Madame de Courtenvaux.

— Aussi vous a-t-il répondu d'avance, répliqua la marquise, dans une de ses préfaces... « car, puisque dans mon ouvrage, nous dit-il, qui est de onze cents vers, il n'y en a pas plus de cent imités d'Horace, on ne peut pas faire un plus bel éloge du reste qu'en le supposant traduit de ce grand poète. »

— C'est parler d'or, dit la duchesse de Longueville.

— Tout ce que le poète imite, dit Madame de Soubise, il le crée de nouveau.

— Quoi! répliqua Madame de Courtenvaux, il parle pour les autres et les autres pensent pour lui...

— Qu'importe au public que la pensée soit

de lui ou d'un autre ? L'important c'est qu'elle soit bonne... dit Madame de Fontaine-Martel.

— Il est aisé de compter les hommes qui n'ont pensé d'après personne, observa Madame de Soubise.

— Moi, dit Madame de Saint-Valéry, j'ai un faible pour Perrault, le créateur de tant d'aventures magiques qui ont si fort amusé mon enfance : *Barbe-Bleue, Cendrillon, le Chat botté*, sans oublier *Peau d'âne*, que ma bonne mère me contait quelquefois le soir, en cherchant ses lunettes...

— Quoi ! dit Madame de Soubise, vous voulez mettre l'auteur de tant de bagatelles au même rang que Racine et Boileau ?

— Si Racine n'eût mis au jour que ses *Plaideurs* et Boileau son *Lutrin*, eût-il été sage de les réputer pour cela incapables de produire des chefs-d'œuvre en des genres plus élevés ?...

— Mais, vous, demanda-t-on enfin à celle qui n'avait encore rien dit, n'avez-vous donc pas quelque chose à nous observer ?... A quel auteur accordez-vous la préférence ?

— Pour moi, dit-elle, je suis pour mes deux chéris : Lafontaine et Molière.

Lafontaine qui a tant d'esprit, qu'il le donne en prodigue à la plus chétive des bêtes ; Molière qui porte la lampe au cœur de l'homme, et va faire rire le monde des secrets qui le font pleurer.

A propos du *bon homme*, dit Madame de Fontaine-Martel, voici un fait que m'a raconté Madame de la Sablière chez laquelle il a comme le rat de la fable « le vivre et le couvert. »

Vous savez, me dit-elle, qu'il est très distrait, mais ce que vous ignorez sans doute, c'est qu'il est somnambule. Or, voici ce qu'il lui est arrivé l'autre soir : il va se coucher de bonne heure sans dire bonsoir à personne, et je me vis dans l'obligation de recevoir ses amis.

A peine a-t-on dit quelques mots pour s'expliquer, qu'on vit paraître Lafontaine en bonnet de nuit, en chemise, sans bas, et n'ayant qu'un simple caleçon. Les yeux ouverts, et n'apercevant aucun objet, il traverse la salle, entre dans son cabinet, s'y enferme, y reste une demi-heure, puis reparaît de nouveau en se frottant les mains d'un air satisfait, rentre dans sa chambre et ne revient plus.

Alors ses amis et moi sommes curieux de voir ce que notre fabuliste a pu faire au milieu des ténèbres. Nous entrons dans le cabinet ; qu'y trouvons-nous ? une fable écrite d'une encre toute fraîche ; et quelle est cette fable ? l'une de celles où le langage du cœur règne de la manière la plus naturelle et la plus touchante ; en un mot, la célèbre fable des *Deux Pigeons*.

On ne s'étonnera plus que Madame de la Sablière ait dit un jour, après avoir congédié tous ses domestiques : Je n'ai gardé avec moi que mes trois bêtes : mon chien, mon chat et Lafontaine.

— C'est un mot charmant, sublime de bonté, dit Madame de Soubise, qui prouve sur quel pied d'amitié Lafontaine était chez elle.

— On dit qu'on l'a drapée dans certaine satire, fit Madame de Thianges.

— C'est un coup de bec donné bien mal à propos dit une autre.

— Ce coup de bec fera comme une épingle sur un matelas.

— *Coumo un pic dins l'aïgo*, pour ne pas dire comme les Gascons, ajouta la marquise.

Le soir même de ce jour, par une nuit brillante d'étoiles, les châtelains se retrouvèrent en réunion plénière à la même place.

Quelle magnificence! quel spectacle auguste que ces milliers de flambeaux attachés au firmament !... Oui, véritablement, les cieux racontent la gloire du Dieu fort... s'écria le comte de Guiches, dans le transport de son admiration.

Devant ces globes célestes, épouvantables par leur grandeur, que l'homme paraît petit sur le grain de sable où il se meut, au milieu des airs !...

— Oui, répond le duc de Longueville, mais qu'il est grand, qu'il est étonnant comme intelligence !... Il se rend un compte exact de tous ces mondes, il mesure leur distance, il en calcule le poids, il arpente leur route et son opération est juste !

— C'est toujours un charme pour moi, reprit le comte de Guiches, que celui de contempler ces globes de feu que leur éloignement nous fait paraître comme des étincelles...

Voyez avec quelle grâce la reine des nuits s'avance au milieu de son brillant cortège !

Sachez que cet astre, qui est de tous les corps célestes le plus voisin de la terre, en est cependant à plus de 86,000 lieues... Un boulet de canon qui conserverait la même vitesse emploierait... (Ah ! Ah !)

Un fil tendu jusqu'à son disque pourrait faire dix fois le tour du globe que nous habitons.

— Sur mon âme, Monsieur, dit la marquise, je vous tiens pour sorcier, je m'attends à tout... N'importe ! allez toujours...

(Le comte salua sans relever l'interruption). Ces étoiles que vous voyez et qui vous paraissent si près de nous sont plus de 2,000 fois plus éloignées que le soleil...

En vérité, Monsieur, à moins que vous ne soyez Belzébuth en personne, je ne sais comment vous pouvez connaître tous ces détails-là... Dites-nous tout de suite comment vous savez tout cela, où nous vous ferons exorciser... Bien sûr !

Le comte fit briller un imperceptible sourire sur sa face sérieuse.

La lumière qu'elles nous envoient met plus de trois ans pour parvenir jusqu'à nous, de sorte que si une de ces étoiles était anéantie subitement nous la verrions encore pendant plus de trois années, comme si elle existait encore...

— Par ma foi! Monsieur, vous êtes marqué de son ongle... Je vous l'ai dit. D'un homme comme vous nous risquons tout!...

— Quant aux étoiles qui ne sont visibles qu'à l'aide du télescope...

— De grâce, arrêtez-vous, Monsieur... Si vous dites un mot de plus, nous vous cassons les deux bras, les deux jambes et la tête (1).

— Avez-vous lu Fontenelle? dit la princesse de Soubise à Madame de Montespan.

— Que chante-t-il votre Fontenelle, demanda la marquise d'un air narquois, où elle savait mettre tant d'esprit.

---

(1) A cette époque, la doctrine de Copernic était encore dans toute sa nouveauté, et le Saint-Office venait de la condamner dans la personne de Galilée.

— Il chante qu'il serait bien étrange que la terre fut aussi habitée qu'elle l'est, et que les autres planètes ne le fussent point du tout.

— L'idée de Fontenelle est logique, répliqua la princesse. Comment le Dieu créateur de toutes choses eut-il laissé tous ces mondes inhabités ? Je ne le comprendrais pas !...

— Et si ces vallées du ciel sont habitées, dit une autre, sont-elles peuplées d'êtres pareils à ceux de notre globe ?

— Quoi ! vous voulez trouver dans les étoiles et les soleils des frères et des sœurs... mais alors, comment expliquerez-vous le grand mystère de l'incarnation et de la rédemption ?

— S'il a plu à Dieu de faire de la terre le centre de la création, qui donc, parmi nous, oserait s'inscrire contre la sagesse divine ?... Si nous pouvions comprendre toute la grandeur des œuvres de Dieu, il ne serait pas Dieu, ou bien nous ne serions pas des hommes...

— Une goutte de sang divin, dit le comte de Guiches, fait la terre plus grande que tous les soleils et toutes les étoiles ensemble.

— C'est cela! c'est cela! s'empressa de répondre le duc de Longueville, en ajoutant ce mot célèbre, « *l'autel était à Jérusalem, et le sang de la victime baignait tout l'univers.* »

Un matin, on se leva sur la nouvelle que Madame de Soubise venait de recevoir une lettre du curé de la Madelaine qui lui apprenait le mariage de Mademoiselle de Plouernel avec le vieux marquis de Torci, événement auquel on ne s'attendait guère, vu la différence d'âge, de tempérament et de fortune des deux conjoints.

Que n'a-t-on dit et écrit sur tous ces mariages que Regnard appelle biscornus, inventés par l'homme pour tromper sa destinée!

Ce sujet envahit et domine tout. Il est dans les salons, dans les boutiques, dans l'atelier, dans le cabinet, dans l'antichambre, dans les rues, sur les quais, sur la rivière ; ce sujet, il est dans la satire comme dans la fable, dans la comédie comme dans la tragédie, il se fourre partout.

Si nous n'avions pas une sainte horreur

pour les lieux communs, nous pourrions remâcher à nos lecteurs ce qu'il leur a été mâché vingt fois, et nous livrer tout comme un autre à de piquantes redites... mais grâce à Dieu et à ces dames, nous en sommes dispensé. Mieux que nous, elles sauront remettre à neuf ces banalités et les spiritualiser, sans toutefois rien dire de nouveau.

Ecoutons-les, c'est maintenant elles qui parlent.

MADAME DE LONGUEVILLE.

Mademoiselle de Plouernel a réuni un corps frais et sain à un cadavre ; il ne peut y avoir d'amour.

MADAME DE MONTESPAN.

Un mariage sans amour, c'est comme des confitures sans sucre.

MADAME DE FONTAINE-MARTEL.

Voulez-vous loger l'amour avec les rhumes, la goutte et la gravelle?...

Qu'il n'arrive pas à Mademoiselle de Plouernel comme à cette jeune personne de Toulouse qui épousa aussi un gentilhomme vieux et éclopé.

Je vous dirai, si vous voulez, son histoire.

MADAME DE MONTESPAN.

N'allez pas au moins nous faire un conte bleu.

MADAME DE FONTAINE-MARTEL.

Non, c'est la vérité même.

MADAME DE MONTESPAN.

Dites-nous tout de suite le nom de cette demoiselle.

MADAME DE SAINT-VALÉRY.

Point du tout! Son mari ne me le pardonnerait jamais...

MADAME DE MONTESPAN.

Vous me la paierez! N'importe, allez toujours...

MADAME DE SAINT-VALÉRY.

Le jour même de la noce, par des raisons que je ne veux ni ne dois approfondir, son époux s'était fait préparer une potion cordiale pour le soir, mais comme il faisait noir, au lieu de cette potion fortifiante, il s'ingurgita une dose d'émétique longue comme le bras, laquelle en opérant son effet lui fit paraphraser le *Miserere* pendant tout le temps.

Sa petite femme, qui ne savait que penser de cette aventure, se trouva dans un grand embarras; elle fut toute la nuit sur pied pour donner à son mari ce dont il avait besoin, croyant à tout moment le voir expirer.

Le matin, les mariés étaient si faibles et si abattus qu'ils avaient peine à se soutenir; et quand on se présenta pour leur souhaiter le bonjour, on attribua leur abattement à une cause toute différente. L'épousé n'eut garde de vouloir les détromper; et, de peur que sa femme ne le trahît, il lui donna dix louis d'or pour lui faire avaler la langue. La petite femme lui dit alors que s'il voulait lui en donner autant tous les matins, elle serait enchantée de lui et ne lui demanderait jamais autre chose.

Un éclat de rire général fut la réponse qu'on lui fit.

MADAME DE THIANGES.

Il y a tant de raisons qui forcent une demoiselle de condition, pauvre, à prendre un homme riche, que je pardonne facilement à celles qui s'engagent dans cette union.

MADAME DE SAINT-VALÉRY.

Mademoiselle de Plouernel est pleine de sens et d'esprit; elle fera par raison et par devoir ce que certainement elle ne peut pas faire par goût.

MADAME DE COURTENVAUX.

On dit que, par disposition notariée, son mari l'a dotée d'opulentes survivances.

MADAME DE MONTESPAN.

N'est-ce pas naturel? Ce n'est qu'à grands frais qu'on peut se procurer en hiver les douceurs du printemps.

MADAME DE COURTENVAUX.

La reconnaissance produira l'amitié, et ce sentiment vaut souvent mieux que l'amour.

MADAME DE THIANGES.

Et qui peut faire un choix qui satisfasse son cœur?

MADAME DE SAINT AIGNAN.

Je vois, en effet, si peu d'unions assorties, tant de malheureux dans un état qui ne devrait faire que des heureux, que cela me fait trembler...

LE COMTE DE GUICHES.

Et pourtant, Mesdames, je ne connais guère de jeunes filles qui ne veuillent se soumettre au joug.

MADAME DE THIANGES.

Avez-vous eu vent de la corbeille?

LE COMTE DE GUICHES.

Jamais les péris d'Orient ne rassemblèrent dans leurs féeriques palais plus de diamants et de perles que l'on n'en vit ruisseler, ce jour-là, à l'hôtel de Plouernel.

MADAME DE SOUBISE.

Le marquis a trop fait en faveur de sa femme pour que toute sa tendresse soit mise à fonds perdu.

LE COMTE DE GUICHES.

De son côté, Madame de Plouernel, ne pouvant donner une grosse dot à sa fille, a tenu à déployer un grand luxe dans son trousseau. On y voyait des rames de linge éblouissant et des parures hors de toute comparaison.

Devant des raisons aussi péremptoires on ne pouvait que s'incliner.

Le feu de la conversation ne ralentissait pas, et les bonnes nouvelles qu'on avait reçues de la Cour la rendaient encore plus gaie, plus aimable, lorsque le baron de Montchevreuil arriva inopinément tenant à la main un chevreuil.

— Il l'aura sans doute pris dans ses domaines, dit de Lauzun, qui ne se refusait guère une pasquinade.

Les dames brandirent leur ombrelle et leur écran.

Ensuite Montchevreuil laissa tomber brusquement de sa gibecière une pluie de perdreaux qu'il rengaîna aussitôt en les nombrant : un, deux, trois, quatre, cinq, six, sept, huit, neuf, dix, onze, douze.

— Oh ! que c'est beau, mon Dieu que c'est beau ! s'exclama le même de Lauzun, en battant le rappel de ses chers qualificatifs, quelle aubaine ! Tous les Montchevreuil sont nés chanceux, tout leur arrive ! Je saurais un Montchevreuil tombé au fond de la mer depuis une heure, que je ne le croirais pas noyé.

On s'attroupa autour du baron. On l'arma chasseur, comme on armait autrefois chevalier. Les mains choquaient toutes seules...

Le lendemain de ces trophées, on fit, avec toutes ces victuailles, un colosse de festin qui réunit tous les disciples de Saint-Hubert de l'endroit.

Le repas fut aussi gai que les convives bien assortis. Chacun mangea avec conviction et apprécia les bons morceaux.

Vers la fin du souper, les ris bruyants, les fumées du vin, l'animation des femmes (qui peut mener bien loin), tout semble conspirer contre la sagesse... On se lève de table, les flacons complètement épuisés et le fond des verres à sec. Alors se donne le signal de ces jeux qualifiés innocents, que la liberté de la campagne autorise, mais que l'exaltation des têtes rend quelquefois bien dangereux...

Ces amusements frivoles battaient leur plein, lorsque tout à coup s'ouvre une porte dissimulée dans le mur, et met en évidence un *domino* à grand ramage, qui se précipite aussitôt dans la salle d'un air mystérieux. Objet d'intérêt pour les uns, de curiosité pour les autres, il était dans la réunion comme un être à part... Sa grande ombre dominait la scène, mais jamais on ne l'entendit parler... Quand il dressait haut sa belle tête, toutes les autres s'inclinaient spontanément. Quand il traversait la mêlée, elle s'ouvrait respectueusement d'elle-même pour lui tracer un passage...

Quel était donc ce personnage ? Mystère... Les meneurs de l'intrigue parlaient de tout, hors de ce qu'ils voulaient dire ; ils manœuvraient si habilement, que jamais le masque ne devint le visage... On l'eût certainement pris pour un fantôme, s'il n'eût par lui-même révélé un grand seigneur.

Au plus fort de l'agitation, il se confond

dans leurs joyeux ébats, ondoyant et tournant avec eux dans le sombre intérieur du château. Là, dans ce va-et-vient confus, mais discret, ses yeux errants ne peuvent se reposer sur aucun objet ; tantôt il s'arrête, tantôt il se tourne... Tel Orphée au fond des enfers, cherchant Eurydice...

M. Arqué, qui ne savait rien omettre de ce qui pouvait tourner à la gloire de son pays natal, rapporte que cette nuit même le château était littéralement noyé dans un océan de lumière, que les grands arbres pliaient sous le poids des lampes mêlées à leurs feuillages, comme autant de fruits étincelants, et il ajoute qu'à la clarté de ces illuminations féériques, qui changaient la nuit en jour, on pouvait lire et écrire sur la place de Beauchalot (1), distante de trois kilomètres, en diagonale. C'était un enchantement, un palais

---

(1) Le petit village de Beauchalot (400 habitants), dont l'origine est fort ancienne, était autrefois entouré de murailles, sous la défense d'une citadelle, dont il reste encore de beaux débris. C'était, paraît-il, un point stratégique important. Beauchalot possède une église ogivale du XIIIe siècle. Son clocher roman a survécu à l'église primitive.

de fées, comme ceux que nous voyons dans les contes du bon vieux père Perrault. L'air était sillonné en zig-zags lumineux ; les bombes partaient avec un bruit sec et s'en allaient éclater dans les nuages pour retomber en pluie d'or...

Ecoutons encore le tabellion de Montespan ; les notaires de ce temps-là valaient bien ceux du nôtre. Un soir qu'il n'y avait pas de lune et faisait plus noir que dans un four, les lampions s'éteignirent tout-à-coup comme par enchantement, et on se vit replongé dans une obscurité complète. Grande stupeur dans la foule.

La marquise riait à se tordre les côtes. Personne n'avait été mis dans le secret de ce coup de théâtre, personne hormis les dames de la Cour, qui s'étaient mis des targettes aux gencives pour mieux le garder.

L'éclipse dura environ dix minutes. Le notaire Arqué, qui était un loustic fini, ajoute que cette éclipse semblait à la fois trahir et cacher son secret.

Pendant tout le temps qu'elle dura, les Orphées de la rue chantonnaient des ritournelles dans le genre de celle-ci, qui était alors dans toute sa nouveauté :

> Si à mes genoux, Thérèse,
> Si à mes genoux,
> Vous voyez des trous !
> C'est à vos genoux, Thérèse,
> C'est à vos genoux
> Que je les fis tous !

— Avez-vous des nouvelles du roi ? disait intentionnellement Madame de Thianges à sa sœur.

La marquise fit un signe de tête qui voulait dire non.

Thianges ouvrit de grands yeux étonnés.

— A quoi donnait-il son temps quand vous en avez pris congé ?

Il venait de recevoir sur son trône les ambassadeurs des rois... et il allait donner à manger à ses chiens de chasse.

— Bah ! fit Lauzun, en s'avançant vers les deux sœurs : Quand celui qui a menacé du fouet tout un parlement distribue chaque jour, dans un chenil, des aliments et des caresses à toute une meute... quel abîme entre les deux tableaux !!...

— Tout est là ? reprit Madame de Thianges.

— Toujours occupé de choses graves ou de plaisir : d'une discussion avec Colbert, il passe ordinairement à un entretien avec le Père Lachaise... Après avoir donné à Molière l'idée d'une scène et à Quinault le plan d'un opéra, il fait avec Vauban ou Turenne le plan d'une bataille... Quelquefois il se surprend à forger un madrigal ou un rondeau, mais il en fabrique beaucoup moins depuis que Boileau, à qui il montra un jour un sonnet comme étant sien, lui répondit : « Votre Majesté toute-puissante réussit dans tout ce qu'elle veut : elle a voulu faire de mauvais vers, elle a réussi... »

A quoi bon m'adresser toutes ces questions ?... Votre petit oiseau bleu vous a parlé ?

Un Pélerinage en 1668.

Tandis que la colonie versaillaise ne rêvait que fêtes, bals et autres amusements, le public dévotieux de la contrée opposait à de volages plaisirs les pompes touchantes de la religion.

Par une de ces paisibles journées d'octobre, qui ne sont plus l'été, mais qui ne sont pas encore ces jours plaintifs de l'hiver, où les feuilles détachées pirouettent et tourbillonnent au gré du vent, ce jour-là, disons-nous, nos châtelains voyaient émerger du sein des montagnes voisines, des flots de peuple venant de plusieurs lieues à la ronde, qui, fidèles à une habitude qui leur est chère, se rendent tous les ans, à la fête votive de Saint-Bertrand.

Il faisait bon la voir cette foule nombreuse descendre des collines par groupes échelonnés et pressés, se dirigeant tous du même côté. En avant, les enfants légers comme des daims, s'envolaient en faisant des gambades joyeuses. En arrière, les *sachems* de la caravane traînant leurs pas ; quelques-uns vissés sur le cheval du meunier... Ici, toute une maison sur un chariot traîné par un petit âne ; là, le quart d'une paroisse entassé sur un char à bœufs ; là, sur une bourrique montée à cru, un gros rustre dont les sabots grattaient la terre ; plus loin des enfants joufflus, à califourchon sur le cou de leur père ; plus loin encore des nourrices, sur leur tête ayant un berceau bien posé.

Séparés d'eux, venaient des gentilshommes et des bourgeois arrivant des châteaux voisins, chevauchant sur palefrois et haquenées avec leur dame en croupe et leurs filles en trousse.

Les cloches lancées à toute volée saluaient ce saint jour.

Accourez toutes, Mesdames, s'exclama la marquise, avancez vite, venez voir quel spectacle !... Placez-vous ici, dit-elle en leur passant sa lorgnette. Où court cette foule nombreuse qui flotte autour de ces bannières ?...

— Ce sont des émigrants, dit Madame de Longueville.

— Non ! répond la princesse de Soubise, c'est un pélerinage.

Le son des cloches, le cantique des vierges, la voix argentine des enfants, mêlés aux voix mâles des jeunes hommes, tout cela produisit sur elles un effet magique, émouvant...

Madame de Montespan, en entendant chanter ces voix pures et chastes, se sentit touchée... O mes jeunes années, se disait-elle, où êtes-vous ? Quand ma pensée se reporte vers ces temps heureux, j'éprouve un sentiment que je chercherais en vain dans mes autres souvenirs...

L'âme de Madame de Thianges se tourna aussi vers les anciens jours, en voyant défiler sous leur voile blanc ces essaims de jeunes filles ; elle semblait s'embaumer d'un parfum de première communion...

La duchesse de Longueville se revoyait sous le ciel natal. Une foule de souvenirs joyeux remplissait son âme... Elle aurait donné tous les bonheurs du monde pour revivre enfant sur la terre.

Le cœur de Madame de Saint-Valéry se balançait comme un encensoir à la vue des pavillons du cortège. Il lui semblait que les portes d'or de son enfance se rouvraient aussi devant elle...

Sainte-Vierge ! c'est un pèlerinage, dit à son tour Lauzun, en s'avançant de deux pas vers ces dames ; et d'un revers de sa main il se fit un abat-jour.

Le comte de Guiche nettoya les verres de ses besicles.

Le duc de Longueville essuya ses paupières avec le coin de son mouchoir.

Le duc de Saint-Aignan passa rapidement les mains sur les siennes.

Peu à peu les groupes devinrent plus visibles.

— Voyez-vous, reprit Lauzun, ces joyeuses volées de pèlerins qui se précipitent de la montagne pour aller se réunir au cortège ?...

Les voilà maintenant qui se mettent en ligne en déployant leurs bannières.

N'êtes-vous pas frappées, comme moi, Mesdames, de la variété de ces costumes ?

Que vous semble de ces escogriffes sous des *capels* aussi larges que vos parasols ?...

— Et floqués de rouge comme l'âne du meunier, ajouta la marquise.

— Que pensez-vous de ces matrones, enfoncées dans leur casaque qui leur permet de garder l'incognito ?...

Regardez, regardez leurs filles coiffées d'un tortillon de toile, cerclé d'un ruban rose..... d'où pendent de longues barbes qui flottent sur leurs épaules.

Voyez-les donc avec leur collier de corail et des bagues de verre à tous les doigts.

— Et tenant leurs souliers à la main, ajouta la marquise.

— Tout cela est à ravir de joie, n'est-ce pas, Mesdames ?...

La conversation allait toujours son train. Avec leurs idées, ils accrochaient d'autres idées qui se présentaient sous plusieurs formes, mais dont le pélerinage était toujours le texte.

Madame de Montespan, qui n'avait jamais entendu parler de cette dévotion, voulut savoir où tendait cette marche religieuse, et à quel prince du ciel elle portait ses vœux...

Le duc de Lauzun, qui ne savait pas non plus la raison de ces pélerinages, demanda ironiquement au duc de Longueville si sa science s'étendait jusque-là. Sans s'arrêter à cette apostrophe incongrue, il répondit ainsi, avec son air de moraliste :

A l'époque actuelle, je le sais, cette idée de pélerinage ne sourit pas à tout le monde. Et pourtant ceux-là même qui ne trouvent pas **étrange** les pélerinages à travers les mers, les solitudes, au milieu des dangers sans nombre, de fatigues incroyables vers les lieux où ils soupçonnent quelque gisement de riches minerais, aux ruines de quelque fameuse et antique cité, aux tombeaux qui ont contenu les restes mortels de quelque célébrité humaine, sur des montagnes escarpées, dans des contrées glaciales, soit pour y découvrir des traces de civilisation antique, soit pour dérober de nouveaux secrets à la nature. Certains de nos sens, de nos instincts y trouvent leur satisfaction, l'humanité toujours un progrès. Moi, mes chers auditeurs, je trouve naturel, plus naturel encore, les pèlerinages qui ont un but surnaturel, ils répondent aussi à un sens, à un instinct qui est naturel dans l'homme, l'instinct de l'immortalité, de la vie éternelle, le sens religieux. Cet instinct nous est aussi naturel que les autres sens ; la prière le manifeste et il trouve sa satisfaction, son épanouissement dans les pèlerinages, qui ne sont eux-mêmes qu'une longue prière... Ils sont l'image de notre vie d'ici-bas. Et, non seulement notre vie est un pèlerinage, mais la vie de toutes les créatures, la vie même des mondes qui roulent dans l'immensité de l'espace...

Après qu'il eut déroulé son écheveau métaphysique :

— C'est un puits de science sans fond, dit le comte de Guiche, entre haut et bas.

— Phrases de philosophe ! ajouta Montchevreuil.

— Thomas Diafoirus, fit le duc de Lauzun.

Saint-Bertrand-de-Comminges.

Saint-Bertrand, la ville soldat du temps des Romains (1) ; la ville sainte du temps de

---

(1) Fondé par Pompée, *Lugdunum convenarum* fut, sous l'empire des Césars, une cité florissante, laquelle s'étendait, par la partie basse, jusqu'aux points où se trouvent aujourd'hui les villages de Labroquère et de Tébéran, occupant tout le terrain qui les sépare aujourd'hui. Sa population dépassait cinquante mille âmes. Elle possédait d'importantes casernes et des écoles célèbres qui étaient fréquentées par plus de cinq mille étudiants. En 585, elle fut entièrement saccagée et brûlée, et ses habitants passés au fil de l'épée jusqu'au dernier ; elle resta ensevelie sous ses décombres pendant cinq siècles, et ce ne fut qu'en 1050 que nous la voyons renaître sous le nom de Saint-Bertrand.

ses pontifes (1) ; la ville-musée de nos jours avec ses richesses archéologiques et artistiques (2), Saint-Bertrand, après avoir vécu pendant cinq siècles de toutes les splendeurs de la puissance et de la gloire, perdu et retrouvé plusieurs fois ses titres de noblesse, n'est plus aujourd'hui qu'un petit bourg de six cents habitants à peine, décapité depuis peu de son chef-lieu de canton, et qui voit chaque jour son prestige couler doucement à terre avec les derniers restes de ses remparts.

Avant de commencer ce chapitre, M. Arqué a le soin de nous prévenir qu'il aurait

---

(1) Evangélisée par saint Saturnin, premier évêque de Toulouse, refondée sept ans après sa destruction par l'évêque Bertrand, la ville fut honorée de la visite du pape Clément V le 15 janvier 1309.

Pour perpétuer à jamais la cérémonie de ce grand jour, le pape Clément institua la fête de la translation des reliques, qu'on célèbre le 13 du même mois Il fonda en même temps un jubilé, qui a lieu toutes les années où la fête de l'*Invention de la Croix* est célébrée un vendredi.

(2) Avec ses inscriptions votives, ses vestiges d'amphithéâtre, ses gueules d'aqueducs, ses débris d'autels, ses fragments de mosaïques de la période romaine, avec ses sculptures de la Renaissance, ses tombeaux d'évêques, son reliquaire, la chape, la mitre, la crosse, l'anneau et les pantoufles de saint Bertrand, de la période chrétienne.

bien voulu le passer dans la crainte qu'on suspecte son authenticité, n'ayant pu l'établir que sur des notes éparses, tracées au crayon, qui furent trouvées à Montespan, après le départ de Madame la marquise. Cependant, après mûres réflexions et pénétré des grands devoirs qu'impose la qualité d'historien, il a pris le parti de tout révéler, persuadé que le lecteur lui tiendra compte du temps qu'il y a consacré, quoique pour lui tout soit l'affaire d'une *minute*...

Visite à la cathédrale de Saint-Bertrand.

Noble par son antiquité, ravissant par son site, superbe par sa cathédrale, Saint-Bertrand-de-Comminges était encore au xviie siècle l'attraction religieuse des habitants de la contrée et des pays voisins depuis leur enfance jusqu'à leur vieillesse. C'est donc là qu'on accourait tout d'abord : les uns pour prier sur le tombeau du saint évêque, les autres attirés par une multitude de souvenirs qui s'y rattachent.

— Partons, dit Madame la marquise, allons à Saint-Bertrand, je suis impatiente et curieuse comme toutes les filles d'Eve. Le temps est beau ce matin, comme c'est son devoir un jour d'excursion... Eh bien, Mesdames, c'est une chose décidée !...

— Tout ici, Madame, est à votre commandement, dit le duc de Lauzun.

— Toujours galant comme les chevaliers des anciens jours, répond la marquise.

Une heure après, elle s'élance sur son courrier avec l'adresse et l'intrépidité d'une amazone, et part comme une flèche suivie des ducs de Lauzun et de Longueville, et de quelques dames de la Cour.

C'était alors par une de ces journées d'octobre, qui n'ont rien à envier aux plus belles du printemps. Le ciel était pur, le soleil resplendissant, la terre souriante et blonde.

En bas, sur la lisière des bois, le sifflement moqueur des grives et des merles, auquel répondent souvent les oiseaux d'en haut.

Lorsqu'ils se trouvèrent en vue de la cathédrale, la voilà, dirent-ils... Comme elle se pose avec grandeur sur son piédestal de granit ! On dirait qu'elle prend son vol vers la grande éternité...

— On la prendrait d'ici pour un immense *cantaloup* avec ses murs côtelés ! dit Lauzun. Arrivés aux portes de Saint-Bertrand, ils firent, en montant la côte, une halte devant la porte *Cabirole*, qui n'avait pas voulu suivre la vieille ville, avec sa louve allaitant Romulus et Rémus, *qui ne disent jamais assez !*

Elle leur tend son sein, les allaite et les couve
D'un œil tout à la fois étincelant et doux.
Et les deux nourrissons semblent si fort lui plaire
Que l'on dirait vraiment qu'elle se croit leur mère,
    Et les prend pour deux petits loups.

Puis sans débrider, ils firent le tour des remparts, en marchant sur des pierres qui furent les dieux de César et de Pompée, entrèrent dans la ville, qui conservait encore son charme en 1668 et la parcoururent dans tous les sens ; quelques maisons des xiv° et xv° siècles, éparses çà et là, et qui semblaient baisser leur tête comme pour leur rendre hommage, fixèrent un moment leur attention. Après quoi, ils furent débrider, c'était justice, à l'hôtel du P. Bridaut (1), lequel sentait son moyen âge d'une lieue. De là, ils coururent droit à la cathédrale, qui semblait leur dire : Me voici ! arrêtez-vous, entrez et vous verrez, sous le rapport de l'art, comme je suis belle... Je vous montrerai des trésors qui réjouiraient les anges, et que je ne troquerais pas contre tout l'or du Pérou (2).

Les voilà sous le porche, un porche qu'on dirait taillé dans le moule d'un temple. La porte de l'église s'ouvre devant eux, et en entrant ils furent frappés par la majesté austère et grandiose de l'édifice, par sa voûte si fièrement hardie, et en même temps par la richesse de ses décorations.

Presque aussitôt, s'avance un chanoine, que la marquise avait fait prévenir, lequel, après s'être incliné profondément, en roulant un chapelet du bout des doigts, se montre disposé à répondre à toutes les questions

---

(1) Maison du XIIIe siècle. Sur la porte de cette ancienne demeure seigneuriale est un écusson avec des armoiries parlantes, un mors de bride, surmonté d'un portrait d'homme sculpté, sans doute de *P. Bridaut*, l'ancien propriétaire de cette maison.

(2) Allusion aux reliques du saint patron.

qu'on s'apprêtait à lui faire. Telle que vous la voyez, dit-il, la voûte n'a pas moins de cinquante coudées de hauteur ; elle dépasse même de huit coudées celle de l'insigne basilique de Saint-Sernin (1).

— Il y a de l'éloquence sous cette voûte et de l'expression dans les murs qui la supportent, s'écria le duc de Longueville.

— C'est sous l'impression du buisson ardent que les premiers chrétiens lançaient leurs voûtes, reprit le chanoine. Tout alors jaillit et s'élance vers le TRÈS-HAUT.

— Commencée au XIIe siècle, continuée au XIIIe, la cathédrale ne fut parachevée qu'au XIVe. Bien que chacune de ces époques ait laissé son cachet, vous remarquerez que ces divers styles, loin de se choquer, produisent un ensemble du plus bel effet ; les reflets sont ménagés si habilement que l'édifice semble avoir été fondu d'un seul jet et d'un seul métal !

---

(1) La hauteur de la voûte de l'église Saint-Sernin est de 21 mètres.

— C'est beau! c'est divinement beau! s'écrièrent tous à la fois.

S'étant avancés d'un pas, ils se trouvèrent dans le vaisseau qui enveloppe le chœur. Là, de l'admiration ils passent à l'extase à la vue d'un monde de créations bibliques, sculptées sur le chêne, qui attestent tout ce que le symbolisme chrétien et le génie de la Renaissance ont produit de plus touchant et de plus gracieux.

Parlerons-nous de cette double rangée de stalles qui encadre les trois quarts du chœur, et que le patient ciseau des moines a taillées et brodées? Elles sont au nombre de soixante-six, et se relient aux superbes boiseries du Jubé, lequel sépare la nef du chœur.

En passant devant l'arbre généalogique de Jessé, la marquise mit sur ces tablettes : « Sculpté par une main de génie, l'arbre porte dans ses rameaux les 27 rois de la tribu de Juda, et se terminent par une fleur, d'où sortent triomphants MARIE et L'ENFANT JÉSUS.

« Fleur dont un sang royal abreuve les racines »

« Mais il ne suffit pas de les décrire, il faut les voir... »

Une des choses les plus admirées et les plus admirables du mobilier de l'église, au point de vue de l'art, c'est le sarcophage d'Hugues de Châtillon qui, de sa fortune privée, termina au xiv° siècle la construction de la cathédrale. Il est en marbre blanc, orné de bas-reliefs si exquis, qu'en les voyant, on est tenté de toucher ; il porte à son couvercle la statue du saint évêque.

— Voilà un magnifique tombeau ! dit le duc de Longueville en le voyant.

— L'insensé, dit le duc de Lauzun, en se penchant vers la marquise, il croit que quelques blocs de marbre jetés sur sa dépouille, éterniseront sa mémoire. Qu'il s'enfonce dans son *moëlleux* oreiller, et qu'il le creuse de son poids jusqu'à la fin des siècles !...

— Vous êtes terrible, Lauzun, avec vos mordantes plaisanteries... Vous oubliez que vous n'êtes pas ici dans un corps de garde, fit la marquise (ceci fut dit à voix basse).

— Si la galanterie française n'était pas une des gloires de la France balbutia Lauzun, en se riant à lui-même...

Ce colloque étant venu aux oreilles de Mademoiselle de Mareuil, elle fut s'agenouiller sur le tombeau de saint Bertrand, comme pour détourner la colère divine...

Celui qui dira un jour à MADEMOISELLE « le seul parti de France digne de MONSIEUR » : LOUISE D'ORLÉANS, *ôte-moi les bottes !* (1) était, dit la grave histoire, aussi léger de langage et d'attitude, qu'il était à la Cour redouté de tous.

Les boiseries du chœur, du jubé et de l'orgue, si charmantes d'invention et d'originalité, sont dues aux libéralités de Jean de Mauléon, évêque de Comminges de 1524 à 1551. Ce prélat jouissait d'une grande faveur auprès de François Ier ; il ne lui fut pas difficile d'obtenir de ce monarque de puissants secours pour accélérer les travaux auxquels il s'était dévoué.

Mais comment pouvoir décrire ces chefs-d'œuvre de l'épopée chrétienne ? — que cinq siècles n'ont pu vieillir. — Il faudrait, pour

---

(1) Extrait des *Amours de Mademoiselle et du duc de Lauzun*, par un valet de chambre de la princesse.

cela, que l'art même daignât inspirer et conduire notre plume. Cette tâche facile pour le génie et que nous tenterions en vain, a été remplie plusieurs fois, et le public a trop de bon sens pour excuser les redites et s'y plaire.

Au chevet du chœur est adossé le maître-autel ; un autel emprisonné derrière un grillage de fer qui forme comme une armure autour de l'évêque-chevalier. Il fut édifié en 1432, par Pierre II de Foix, évêque de Comminges. Avouons tout de suite, que, malgré quelques beautés de détail, cet autel pèche par trop de décorations d'un goût douteux...

— Il détonne au milieu d'une unité si majestueusement belle !... dit le duc de Longueville.

— Mais tel quel, reprit le chanoine, il renferme les restes précieux de notre saint patron, et nous pouvons dire sans jeux de mots : Là où est notre trésor, là aussi est notre cœur.

Saint Bertrand-de-l'Isle (1) joignait à un

---

(1) Fils d'Athon Raymond de IIa, seigneur d'Iction, et de Gervaise, fille de Raymond III, comte de Toulouse, née à

cœur noble et généreux le double culte de la religion et du pays. A d'aimables dehors unissant une douce et ineffable vertu, il attirait les âmes par sa grâce et se les attachait par sa bonté. Son influence n'était pas celle qui s'impose et pèse, mais cette influence que l'on accepte, que l'on bénit comme un bienfait du ciel. Toute sa vie, il l'a passée à vouloir le bien et à le faire. Un malheur à réparer était pour lui la meilleure chance... Rien n'était plus souhaité. Chacun de ses pas dans le diocèse était représenté par une vertu, un mérite, un exemple.

C'était à la fois le meilleur chevalier et le meilleur chrétien de son temps.

Animé de zèle pour le bien général, secondé par des hommes pleins d'ardeur et de foi, il vint à bout de l'entreprise grande qu'il s'était imposée...

---

l'Isle-en-Jourdain, vers le milieu du xie siècle. C'était, dit la légende, *le plus beau des damoisels de la langue d'oc*. Il embrassa d'abord la carrière des armes, mais bientôt il jeta la rondache pour entrer dans les ordres. Quelque temps après, il fut désigné pour être le successeur d'Odgier, évêque de Comminges (1076).

— L'enthousiasme religieux au moyen âge, dit le duc de Longueville, était tel que la construction d'une cathédrale équivalait presque à une croisade.

— En effet, ajouta le chanoine-*cicerone*, on voyait des seigneurs s'arracher à une vie voluptueuse, pour s'attacher à un char avec des traits et voiturer les pierres, la chaux, le bois et tous les matériaux nécessaires pour la construction de l'édifice sacré...

Un buste, à droite de l'autel, rappelle l'évêque Donnadieu que *Dieu donna* au siège de Comminges, en 1617. On se sent pris d'un religieux respect et d'une attitude plus noble devant cette figure. Son souvenir a laissé de profondes traces dans le pays où son nom est demeuré en quelque sorte populaire.

Belle au premier abord, la cathédrale est encore belle après que la première impression est calmée...

L'orgue, le divin orgue de Saint-Bertrand, s'élève comme un cèdre au fond de l'église, et aborde fièrement la voûte ; il s'impose à l'admiration par ses riches dentelures et ses treillages en bois qui le font contemporain des boiseries du chœur.

Ici, l'historien de Montespan a des transports lyriques ; son enthousiasme monte à la hauteur du dithyrambe : Il est là, dit-il, comme le commandant sur son navire ; il ne lui manque que le trident et la parole. Mais Dieu lui a donné une autre façon de traduire sa pensée : son langage est l'harmonie !...

O maître Despréaux ! pourquoi nous as-tu prescrit ce redoutable précepte : « Soyez riche et pompeux dans vos descriptions ». C'était bon au temps où l'on comptait au poète mille pièces d'or pour chaque millier de vers. Tandis qu'aujourd'hui, *morbleu !*... le pinceau est à sec, et on ne peut plus jouer le grand seigneur.

En ce moment, l'horloge fit entendre sa grêle sonnerie et vint interrompre ces flots d'éloquence.

— Désirez-vous, Messieurs, passer dans le cloître, dit le chanoine.

— Mais si vous vouliez avoir la bonté de dire avant ce que c'est que ce reptile suspendu au mur, fit le duc de Lauzun.

— C'est la carcasse d'un crocodile, encore pourvu de sa peau naturelle.

— Comment ce monstre a-t-il pu pénétrer dans le pays?

— On l'ignore, dit le chanoine : les uns prétendent que ce saurien a bien pu traverser l'océan, entrer dans la Gironde et remonter la Garonne jusqu'aux Pyrénées ; les autres prétendent que quelque chevalier de nos pays, compagnon de Raymond, l'a rapporté des guerres lointaines de la Terre-Sainte. Les deux opinions ont des défenseurs et des adversaires sérieux.

Nombreuses sont les légendes de Saint-Bertrand, reprit le chanoine, entre toutes nous en avons retenu deux : celle du crocodile et celle du cheval. Tous les regards se portent sur les murs comme pour y chercher le squelette du cheval) ; l'une inspire la crainte et la terreur ; l'autre est douce et réconfortante comme le pain du ciel.

Voici d'abord celle du crocodile :

Vers la fin du onzième siècle, ce monstre dévorait des victimes humaines pour assouvir sa faim féroce, et portait dans les contrées où il avait placé son repaire la terreur et la mort. En vain avait-on tenté de le détruire ; les flèches s'émoussaient sur son corps écailleux, de pareils animaux ne sont vulnérables que sous le ventre et dans l'œil. Saint Bertrand réunit un jour son peuple et se dirige vers l'endroit où gisait le crocodile ; il tenait la croix d'une main et une verge de l'autre. Lorsqu'il fut en présence du monstre « tire ta langue » lui dit-il. A l'instant même il le frappa d'un faible coup, et le crocodile tombe et expire à ses pieds. Emportez-le, il est mort ! dit le prélat.

Voici celle du cheval :

L'évêque Bertrand avait un cheval, comme saint Martin avait le sien, lorsqu'il partagea son manteau avec un pauvre qu'il trouva sur son chemin. Or, voici qui n'est pas moins touchant. Un jour l'évêque de Comminges prêta sa monture à un homme infirme, qui revint quelques jours après, et lui dit : une autre fois Monseigneur, vous garderez votre cheval, ou vous me donnerez en même temps votre bourse. — Pourquoi cela ? — C'est que chaque fois que votre cheval voit un mendiant, fût-il lancé à toute bride, il s'arrête court, et ne veut repartir qu'après avoir vu le mendiant recevoir son aumône. Or, je n'avais pas un sou dans ma poche, et, pour me tirer d'affaire, j'étais forcé de faire le geste de donner à tous les pauvres au risque de me faire maudire par eux. L'évêque Bertrand baissa la tête en rougissant et flatta amicalement le noble animal.

De l'église, ils passèrent de plain-pied dans le cloître. Ils ne purent jamais se lasser d'admirer les galeries qui le composent, ni la grâce et la délicatesse des ornements dont elles sont chargées.

Quelquefois, disait le chanoine, une pierre ébranlée se détache des arcades, tombe et rebondit sur le pavé. Sa chute semble nous dire : Homme, souviens-toi, que tu es sur cette terre comme la goutte d'eau sur la branche, et que tu tomberas un jour comme sont tombés ces débris de colonnes, qui rampent à terre, que tu pousses du pied, et qui t'avertissent que tu deviendras ruine à ton tour, et que tu finiras en poussière...

Encore un peu de temps, comme si déjà il en eût eu le pressentiment, et ce cloître qui est habité par de pieux solitaires sera saccagé et détruit... Les serviteurs de Dieu eux-mêmes seront fauchés comme l'herbe et disparaîtront un jour...

Cette manière de *memento homo* dit sur le ton d'une voix de stentor trainant le tonnerre, se grava dans l'âme de Mademoiselle de Mareuil, comme les traits que le diamant imprime sur le verre... On l'entendit qui récitait à voix basse le *miserere*, toujours au regret de son couvent.

— Assez ! assez ! dit Lauzun ; nous ne sommes pas venus ici pour entendre un sermon sur la fragilité humaine ; votre éloquence est de reste...

Un coup d'œil de la marquise arrêta sa verve sceptique.

Le chanoine qui soutenait, impassible, le regard du duc, allait parler, lorsqu'un grand bruit de chevaux, sellés et bridés se fit entendre, et vint les avertir qu'il était temps de mettre fin à leurs discours et de rentrer à Montespan.

— *Bene sit*, Monsieur l'abbé, s'écria Lauzun en partant. Misérable, continua le duc en s'adressant à la marquise, qui spécule sur la peur qu'il cherche à inspirer !... qui compte sur une aumône proportionnée à l'effet qu'il produit sur les âmes pusillanimes !...

— Sur mon âme, Lauzun, vous sortez de vos gonds ! Ce religieux est là, chez lui : souffririez-vous qu'il vînt vous insulter dans vos salons dorés ?...

— Il est deux sortes de personnes, balbutia Lauzun, avec lesquelles il ne faut pas prendre les choses au sérieux : les moines et les femmes.

N'est-il pas vrai, ami lecteur, qu'il vous tarde maintenant de savoir ce que devenait le marquis, au milieu de ces tapageuses évolutions ; à quelles occupations mystérieuses il consacrait son temps... Rassurez-vous, dit notre historien, nous allons vous contenter : il se portait bien ou mal, selon le cas ; tantôt il se couchait trop tard pour pouvoir dîner avec ces dames ; tantôt il se levait trop matin pour pouvoir être du souper de ces messieurs... Quoique né bon et avec une âme franche, le marquis échangeait à peine quelques paroles... Quand le berger craint le loup, il ne s'amuse pas à jouer de la flûte.

Comme toutes les personnes accoutumées à la vie des champs, la foule, les lumières, le bruit, les veillées, tout le fatiguait, et il se plaignait souvent des maux de cœur ou de maux de tête.

— Mon Dieu, c'est un original ou un maniaque, disait la marquise, vous le savez !...

— On assure que ces gens-là ajouta Madame de Longueville, sont les plus faciles à vivre, et qu'avec eux, il suffit, comme aux cerfs-volants, de lâcher la corde quand le vent souffle.

Le duc de Lauzun ne pût s'empêcher de ricaner.

Le duc de Longueville, ami de la mesure, et rarement enclin à la dépasser, trouva la comparaison juste...

Un jour pourtant, le marquis, au grand étonnement de tout le monde, parut se dilater, s'épanouir...; sa tête était moins lourde, ses idées plus lumineuses. Sa langue ordinairement lente et attardée allait toute seule comme un tourne-broche. Il se sentait comme une fièvre de joie, il exultait, et sa gaieté était d'autant plus remarquée qu'on n'en connaissait pas bien le motif. C'était plaisir de le suivre dans les cours, dans les appartements, dans le parc et de le voir animer tous les incidents de la vie de campagne : verdure, pièces d'eau, étables, volailles, domestiques, tout lui était nouveau, tout l'attendrissait follement.

Aussi avec quelle facile aisance, il passait du grave au doux, du comique au tragique. Il fallait le voir et l'entendre parler tour à tour, histoire, économie, chasse, lansquenet... On ne pouvait en vérité avoir l'esprit plus aimable et plus varié que le marquis. On flottait autour de lui, on jouait avec les mots et les phrases... On l'accablait de félicitations.

— La perfection de la science moderne, dit la duchesse de Longueville, renversant l'ancien ordre de choses, où l'on voyait les philosophes se consumer en efforts stériles pour changer en or les métaux les moins précieux, a trouvé en cherchant la pierre philosophale bien des merveilles qu'on ne cherchait pas...

— On en a une preuve aujourd'hui dirent plusieurs voix.

— Eh ! oui, dit Madame de Fontaine-Martel, un secret qu'on n'avait pas encore trouvé !...

Madame de Saint-Valery leva les yeux au plafond.

Madame de Courtenvaux leva les bras au ciel.

Madame de Thianges se tenait le poing sur la hanche.

Attentifs à ses paroles, à ses moindres gestes, les interlocuteurs cherchaient tous les moyens d'entretenir la gaîté du marquis.

Le duc de Lauzun le trouvant en veine franchise et de familiarité, l'aborda en ces termes avec un ton demi-narquois :

— Il ne se peut guère, marquis, que depuis le temps que vous habitez les Pyrénées, vous n'ayez pas à nous raconter quelque histoire curieuse, émouvante, pathétique de ce pays qui passe pour être la terre classique des contes bleus.

— Mon Dieu ! reprit le marquis, si vous y tenez beaucoup, je sais bien une histoire... pyréenne... émouvante, véridique même.

— Eh bien ! dit de Lauzun, si l'histoire est émouvante, véridique même, ne fût-elle pas pyrénéenne, nous vous permettrons de la redire, une autre fois, à notre prochaine réunion plénière.

— Elle repose dans ma mémoire, avec la chanson favorite de ma mère.

La marquise fit un signe de la main et les tabourets se rapprochèrent d'eux-mêmes. Alors se forma autour du marquis un groupe circulaire, tant assis que debout.

Nous y sommes, marquis.

Vous le voulez ? Je commence donc :

On fit un silence à pouvoir entendre le pas d'une souris, et que méritait bien l'histoire qu'on va lire.

« Il y a longtemps, bien longtemps, disaient à nos anciens, les anciens de leur jeune âge, qu'il existait dans nos montagnes une femme sauvage, entièrement nue. D'une taille élevée, la peau bronzée par le soleil, une longue et épaisse chevelure flottant sur ses épaules, elle se tenait debout, fière et élancée, sur un roc comme suspendue sur des précipices dont elle semblait mesurer l'immense profondeur.

Des chasseurs l'ayant, un jour, aperçu, courent vers elle, mais en les voyant, elle prend la fuite et avec l'agilité du cerf elle disparaît au milieu des rochers.

Le lendemain même, un grand nombre de

jeunes gens s'embusquèrent derrière les rochers, surprirent l'inconnue et l'arrêtèrent. On s'empressa de lui présenter des habits ; elle les repoussa et les déchira avec violence. Il fallut lui lier les mains pour parvenir à la vêtir. Alors la fureur la saisit, et, d'une voix forte, avec le ton et l'enthousiasme de l'inspiration, elle proféra de violentes menaces contre ceux qui venaient de lui ravir la liberté.

Malgré ses plaintes, on l'emmena au village et on l'enferma dans une chambre pendant la nuit. Mais elle trompa la vigilance de ses gardiens, et on ne la revit que quelques jours après, sans autre vêtement que sa chevelure, sur la cime d'un pic qui, jusqu'alors, n'avait été accessible qu'aux aigles et aux chamois.

Cependant l'hiver approche ; l'hiver est rude. Que va devenir cette infortunée ? On la croyait morte de faim et de froid, lorsqu'au retour de la belle saison, on la vit toujours nue, sur les crêtes des rochers où on l'avait vue précédemment.

On organisa aussitôt une nouvelle embuscade et on parvint à la reprendre de nouveau.

On lui demanda comment il se faisait que les ours ne l'avaient pas dévorée :

— Les ours ! répondit-elle aussitôt, ils étaient mes amis ; ils me réchauffaient. (Pour se mettre à l'abri du froid, cette sauvagesse se retirait dans leur caverne, aux approches de l'hiver, et se réchauffait avec eux en partageant leur couche).

Cette fois on l'enferma dans une tour où elle périt misérablement.

Quelle était cette femme, et d'où venait-elle ? On ne l'a jamais su. Seulement on crut qu'elle était folle. »

Bon ! dit Madame de Montespan, voilà une histoire qui fera son chemin dans le monde.

Nous croyons avoir déjà dit que les appartements occupés par les châtelains donnaient de plain-pied sur les terrasses ; nous ajouterons qu'en contre-bas de ces terrasses, il y avait d'autres allées sur lesquelles les arbres étendaient leur ombrage. Aussi, à toute heure du jour, aux lueurs roses et douces du matin, comme aux feux empourprés du crépuscule, les châtelains en faisaient-ils leur séjour de prédilection.

Douce vie de château, occupée tour à tour à faire un boston ou un whist : l'été sous de frais berceaux, ou dans l'ombre verte, le long des charmilles ; l'hiver, les pieds tendus au feu brûlant de hautes cheminées, ou devant la flamme claire de foyers mignons. Là, s'épanche le cœur ; là, les amis absents viennent se retrouver, là, tout ce qu'on sert est bon... assaisonné de grâce non moins que d'appétit.

Bagnères-de-Luchon (1).

Après un repos de quelques jours à Mon-

---

(1) Bagnères-de-Luchon *(Aquæ, Balneariæ, Lixoniensesj)*. Ces sources étaient déjà connues et utilisées bien avant la domination romaine. Le surnom de Luchon lui viendrait de Lixon, dieu d'origine celtique, auquel elles étaient consacrées.

Les nombreuses découvertes faites sur son sol à différentes reprises (autels en marbre blanc, statues tronquées, anneaux de patricien, etc , ainsi que quatre grands bassins recouverts de dalles, également en marbre blanc, entourés d'un gradin servant de siège), attestent leur fréquentation par les Romains, qui en firent un établissement somptueux.

La ville de Bagnères-de-Luchon (4,000 habitants) possède aujourd'hui un établissement thermal d'une architecture monumentale, lequel mesure 97 mètres de façade sur 53 de profondeur. Il comprend tous les systèmes balnéaires connus, il est alimenté par cinquante sources thermales et reçoit chaque année plus de dix mille baigneurs.

tespan, Madame la marquise, toujours avide d'espace et de grand air, roulait avec sa suite dans des carosses dorés, sur la route de Bagnères-de-Luchon. Luchon, le rendez-vous des Parisiens, le rendez-vous des Anglais, le rendez-vous des Espagnols, le rendez-vous de tout le monde !

A cette époque de l'année, l'Europe n'est plus en Europe, elle est toute à Luchon.

Bagnères, Bagnères, séjour de plaisir et d'amour... s'écria la marquise. (Ces paroles, tombées en bonne terre, ont levé et bourgeonné, et dans la suite sont devenues le principe et le caractère définitif de l'hymne patriotique des *40 montagnards.*)

Que de grandes et pompeuses transformations cette petite ville a subies depuis son origine jusqu'à nos jours !... Des quartiers neufs, qui contiennent des édifices nombreux, étalent au loin leurs façades éclatantes où était naguère la morne campagne... De riantes villas, des maisons d'albâtre aux volets verts s'y éparpillent dans la verdure comme les blanches graines d'un collier de perles... Son établissement thermal, avec ses ailes majestueuses, a plus les apparences d'un palais de prince que d'un hôtel ; un louvre de casino se donne un air pompeux au centre des nouveaux boulevards... Le vieux Luchon lui-même a risqué un bout de toilette pour se donner un semblant de nouveauté : les maisonnettes de jadis ont été écrasées par des maisons de trois ou quatre étages ; l'église, agrandie, s'embellit de jour en jour ; une gare qui a eu la chance de devenir définitive avec son dernier provisoire, a, depuis longtemps remplacé son roulement de diligences affairées et de charrettes embourbées. Nulle ville d'eaux ne peut se vanter de posséder de plus belles promenades et des chalets plus coquets, étagés le long des collines. Son Quinconce avec son lac et ses labyrinthes, avec ses corbeilles et ses massifs, avec ses fleurs odorantes, ses fraîches toilettes et ses jolis visages, est moins un parc qu'un salon à plein vent, salon colossal où tous les mondes se coudoient : le monde du faubourg Saint-Germain et le monde des affaires ; le monde des arts, le monde officiel et le demi-monde.

Quelques charges amusantes, quelques

lazzis spirituels provoquent le rire, et les tournures grotesques ou ridicules du plus grand nombre éveillent les plus plaisants propos...

Pour que le lecteur n'ait rien à nous reprocher nous le mènerons au bal. Le coup d'œil est peut-être moins grave, mais il est plus piquant et plus vrai. Vous regardez, vous écoutez quelque temps ; puis, comme la chaleur vous fatigue, vous passez dans la salle où l'on joue, car bien des gens et même des jeunes gens ne vont au bal que pour y jouer. Gare les croupiers, gare les grecs, ils sont là comme chez eux et on ne compte plus les victimes qu'ils ont faites et qu'ils font tous les jours... Nous ne savons plus quel seigneur avait imaginé de mettre à la mode des boutons d'habits extrêmement brillants, espèces de miroirs susceptibles de refléter les couleurs des cartes de ses adversaires ; de cette façon, il espérait voir leur jeu, et faire sa fortune avant que son secret fût connu...

Et maintenant allons saluer cette belle statue en marbre blanc qui se dresse sur le front de la grande allée... la statue est belle,

elle est presque toute neuve : c'est l'Intendant d'Etigny ! montrant ainsi combien fut tardive la mémoire des Luchonnais...

Mais ce qui surtout fait la beauté de Luchon, ce sont ses charmantes, ses délicieuses, ses incomparables montagnes, le jour avec des forêts noires, la nuit avec des diamants au front. Il ne suffit pas de les décrire il faut les voir... les voir et les admirer.

Si maintenant vous voulez vous faire une idée juste du mouvement qui règne dans ce petit recoin des Pyrénées, il faut vous trouver à Luchon dans les mois de juillet et d'août. A tout moment de la journée, vous verrez défiler toutes les élégances et toutes les prétentions ; il y a des assauts de toilette et des assauts de rivalités qui ne se rencontrent que là. Il y a dans ce va-et-vient « tout ce qui monte à cheval et tout ce qui en descend ». Tout un monde en un mot qui est enchanté de la saison des bains.

Ni avant, ni après ces deux mois vous ne retrouverez plus Luchon... le vrai Luchon. Outre ces promenades mignonnes, adoptées et consacrées par la mode, les malades (nous ne parlons que de ceux qui se portent à merveille) n'oublient pas les excursions lointaines. Toutefois, s'ils ne les suivent pas toutes, ils ne s'éloignent jamais de Luchon sans avoir visité la vallée du Lys, le port de Venasque et le lac d'Oo. Tout ce que les Pyrénées peuvent offrir de gracieux, de beau, de grandiose et d'horrible se trouve dans la vallée du Lys ; il y a surtout le rêve des parisiens : les cascades du *Cœur* et de *l'enfer*, quand ils ne portent pas l'enfer dans leur cœur.

Ceux qui ne se contentent pas de ces excursions à portée de tous, et veulent se retremper plus avant dans la nature, s'élancent à la suite du baron de Nervo (qui porte allègrement son âge) vers les montagnes qui ne sont accessibles qu'à l'aigle et au chamois, escaladent les rochers les plus sourcilleux, exposant leur vie, vingt fois par minute, au-dessus de ces abîmes, que le baron nous a dépeints avec une plume fine et charmante qui défie le pinceau.

On frémit de penser que si votre sauvage coursier fait un faux pas, vous disparaissez dans le vide, à moins qu'un guide intrépide ne vous saisisse et ne vous retienne par vos vêtements comme il arriva à Bonaparte, quand il escalada le mont Saint-Bernard. Ce qu'il y a de plus surprenant, c'est que pour franchir les passages périlleux qu'on veut éviter, les guides font, en étendant leurs bâtons ferrés, comme une rampe au-dessus du précipice, une espèce de parapet volant, à l'aide duquel on vous fait passer en prenant successivement un cheval par la bride, un autre par la queue, à la file l'un de l'autre ; on leur fait ainsi éviter le précipice. Mais ce qu'il y a de plus sûr, c'est de jeter la bride sur le cou du cheval... Il est sans exemple en effet, que, laissé à son instinct, un de ces chevaux se soit amusé de lui-même à couler au bas du ravin.........................

....

Aujourd'hui Luchon ne fait que *croître et embellir*, et la ville, pouvons-nous dire, est une ville aussi approuvée, aussi authentique que les autres, plus agréable que beaucoup d'autres... Ses eaux merveilleuses, en créant un des plus beaux établissements thermaux qui existent en France, ont centuplé les avantages naturels de ce charmant recoin tout couronné de montagnes. Même sans les bains, Luchon serait un pays enchanteur et adoré des touristes... Que sera-ce dans quelques années, lorsque tous les arbres qu'on a plantés auront pris leur développement ! Tout ce qui est jeune est beau, excepté l'arbre, a dit un philosophe : la vieillesse lui donne ce qu'elle nous ôte... hélas !

Seules, les eaux *immortelles* de Luchon ne changent pas et restent toujours au-dessous de leur réputation !...

Espagne.

Un beau jour on crie Espagne ! Espagne ! On ne va pas à Luchon sans se promettre de lier connaissance avec la patrie du Cid, que le grand Corneille nous a fait aimer. La muraille qui sépare Luchon de la Péninsule n'est pas de cristal pour se dispenser de la franchir. Roulons, dit Madame la marquise, ou plutôt, volons ! voir l'Espagne et puis... *vivre* pour s'amuser de plus belle. Et l'empressement causé par cette nouvelle remplit Luchon et le pays de joie. L'itinéraire était fixé d'avance. On devait franchir les hautes montagnes par le Portillon et les redescendre ensuite jusqu'à Bossost, pour rentrer par Saint-Béat.

Le lendemain même, au point du jour, vingt petits chevaux de campagne, aux jarrets d'acier, sellés et bridés, piaffaient et mâchonnaient leur frein devant l'hôtel de Madame la marquise. A ce bruit intempestif, les dames de la Cour, troublées dans leur sommeil, ne pouvaient se rendre compte, au premier moment, du projet qu'elles avaient conçu la veille...

Madame de Thianges se dressa soudain sur son séant et poussa un soupir à réveiller tout l'hôtel.

Madame de Fontaines-Martel, tout endormie qu'elle était, ne pouvait retrouver sa tête, et se croyait victime d'un cauchemar.

La princesse de Soubise fut prise de convulsions nerveuses, terribles.

— Madame de Saint-Valéry eût des spasmes, des évanouissements...

— Madame de Montespan jeta sur ses épaules sa mante fourrée et pénètre soudainement dans la pièce voisine où couchait une de ses caméristes. Vite ! vite ! s'écria-t-elle à moitié endormie.

— Que veut Madame, dit la soubrette. Est-ce que Madame serait indisposée ?

— Quelle heure est-il ? ma montre s'est dérangée...

— Madame, il est quatre heures.

— Si matin ? c'est désolant ! Fait-il froid ?...

— Madame, il a gelé.

— Mon Dieu ! que dites-vous ? mais comment m'habiller ?

— Madame n'a-t-elle pas sa robe de satin, sa charmante douillette, puis sa robe de chaly. D'autres encore... D'ailleurs tout sied bien à Madame.

— Je prendrai par raison ma robe de chaly... Pressez-vous donc un peu, Vous me piquez, maladroite !... Ah ! c'est bien. Vite mon chapeau, mon manteau... vite un coup d'œil au miroir.

Me voici ! me voici ! disait-elle en se précipitant comme un ouragan dans toutes les chambres. Dépêchez-vous, allons, en route... Qui m'aime, me suive !

Celles qui avaient été réveillées par leurs maris furent les plustôt prêtes et arrivèrent, comme de juste, les premières.

Madame de Saint-Valéry ne venait jamais.

Madame de Courtanvaux arriva la dernière.

Madame de Montespan n'était pas seulement une amazone intrépide, comme elle le prouvait journellement, elle avait encore le courage des résolutions.

Bientôt après, elle partait pour l'Espagne, à la tête d'un escadron d'amazones, la tasse de chocolat encore sur les lèvres.

C'était par la plus admirable matinée du commencement d'octobre qu'on pût rêver et le site le plus pittoresque du monde. Tous les enchantements du réveil de la nature s'élevaient de la montagne, depuis le brin d'herbe, où l'insecte secoue d'imperceptibles rosées, jusqu'aux cîmes du chêne, où l'épervier étend au soleil ses longues ailes engourdies. Ah ! qu'elles sont belles et ravissantes à cette heure les promenades sur la montagne ! s'écrièrent toutes ces dames. Nous voilà bien dédommagées de nos vapeurs du matin...

En remontant la vallée de la *Pique* (dont le nom n'offre rien de piquant), elles arrivèrent bientôt à une ravine, d'où elles gagnèrent le val de Barbe, (un nom pour déconcerter les amateurs d'origines verbales), où s'ouvre un chemin qui conduit à la cascade Sidonie, dont le nom perpétue le souvenir d'une aimable et belle Luchonnaise, enlevée par la phthisie, aux fêtes, aux caravanes, aux promenades, aux danses, aux soirées de Bagnères, dont elle fut l'ornement et la joie.

A partir de là, le sentier qui conduit en Espagne est tracé à travers des montagnes très escarpées. On monte et à mesure que l'on monte le défilé devient plus étroit et plus roide ; tantôt il vous fait tenir penché sur la crinière de votre cheval, faute de pouvoir vous maintenir au milieu de la selle ; tantôt vous fait tomber en arrière de peur de tomber en avant. Heureusement qu'une foule de points de vue admirables semblent venir vous dédommager des fatigues du trajet.

Au fait, ce passage, où l'on marche souvent, à la file l'un de l'autre, est peu rassurant et semblerait mieux fait pour des Iroquois que pour nous... Au cœur de l'été, il est brûlé par les feux du soleil; au cœur de l'hiver, la neige et le froid le rendent inabordable.

Enfin, après avoir, durant plus de deux heures, erré de détours en détours, tantôt, dominant les sommets escarpés; tantôt, dominé par eux, vous atteignez, avec l'aide de Dieu, le col du Portillon (limite des deux royaumes). A ce point, la montée finit et la dévale commence. Là vous pouvez enfin vous écrier : *Espagne, je te tiens!*...

En Espagne, le cours de vos idées change avec la même facilité que si vous fermiez un livre pour en ouvrir un autre. Le passage franchi et la borne qui sépare l'Espagne de la France laissée derrière vous, le sentier suit le revers de la montagne et passe quelquefois sur des roches plates et lisses, bordées de précipices effrayants. A un de ces endroits, les dames suspendues sur les rebords d'une corniche rocheuse, furent saisies de frayeur, et ne voulaient pas aller plus loin... Madame de Thianges poussa un cri d'effroi et chancela. Le duc de Lauzun la retint sur la pente de l'abîme... Les hommes alors se prirent par la main, improvisant une chaine qui devait les protéger en cas d'accident. Les dames, à ce moment, s'avancèrent avec prudence, l'une à la suite de l'autre. La marquise marchait la première. Exaltée par l'apparence du danger qu'elle courait, elle s'arrêtait quelquefois debout et immobile comme une statue, montrant du doigt l'abime... Le guide la suivait de l'œil et la dirigeait d'une voix forte, dans ce court mais périlleux trajet.

Madame de Soubise toute en eau s'avançait sans voir, les mains jointes et les yeux tournés vers le ciel !

Madame de Longueville, effrayée d'elle-même, se rejeta par une contraction nerveuse entre les bras qui la retenaient.

Mme de Courtanvaux, roidie par la peur, tremblait de tous ses membres à chaque pas qu'elle faisait.

Mademoiselle de Mareuil passa avec la folâtrerie de son âge, mais le fichu qui couvrait son cou lui échappa dans ce moment, et alla tomber sur la pointe d'un rocher lointain.

Les autres dames, à différentes reprises, faillirent s'évanouir. Heureusement que l'endroit n'était propre à se trouver mal... et que les pelouses étaient loin...

Bientôt après, le sentier en question vous conduit à la petite chapelle de *San-Antonio*, où vous faites une halte, si non pour vous munir d'une indulgence, du moins pour admirer une belle vue sur la vallée d'Aran. En continuant de descendre, vous arrivez bientôt au village de Bossost, qui se fait remarquer par beaucoup de femmes assises devant leur porte avec des enfants, vêtus d'une guenille. Leur sombre maison, dont le moindre avantage est de n'exposer personne à casser les vitres, annoncent un désordre qui ne paraît pas *un effet de l'art*.

Les Aranais reconnaissent leur pauvreté et n'en rougissent pas. Heureux de pouvoir satisfaire aux besoins de leur famille, ils méprisent le luxe de leurs voisins et les nécessités nouvelles qu'ils se créent...

La vieille église de Bossost ne se fait remarquer que par une quantité de pierres neuves mises à la place de celles qui ont tombé. L'objet le plus curieux à voir dans l'intérieur est une grande roue garnie de cloches de diverses dimensions qu'on tourne à l'élévation et à la communion des messes paroissiales. Dieu, quel carrillon !

Encore quelques pas et vous atteignez le petit village de Lez où il y a des eaux minérales qui guérissent, de plus en plus (du moins on le dit) et un hôtel, digne de tout le bien qu'on en dira, qui vous attend toujours avec un déjeuner qui ne vous permet pas de demeurer sur votre appétit...

La caravane qui nous occupe, y fit honneur, comme vous le pensez bien.

Les omelettes gonflées de lard et de jambon tombaient au fond de l'estomac, comme le coquillage au fond de la mer, les côtelettes truffées ne faisaient que passer et n'étaient déjà plus. Les plus braves sabraient des gigots fumants sur des coussins de haricots. Ceux qui n'aimaient pas le mouton saluaient le bifteack. Les dames prenaient d'une bécasse dont les flancs reluisaient en bosse, ou d'une truite aussi gaillarde que celle qui parut au dîner de Gilblas, ou bien d'une anguille suivie de sa fille, assaisonnées au vin de Jurançon; le tout arrosé de Chambertin et de Porto.

Ceux qui ne se sentaient pas assez lestés se parachevaient avec des ronds de saucisson ou avec des tartines de beurre, d'un jaune foncé, qui de loin sentait la violette. Au dessert, les verres s'emplissait d'Aï et de Champagne ; les quolibets partaient avec les bouchons et se croisaient par dessus la table. La gaieté circulait avec les coupes... On but plusieurs fois à la prospérité des deux nations ; puis on assista, sous les tilleuls, à une danse espagnole racolée à cette occasion. La danse espagnole, comme on sait, a des allures inspirées par les montagnes, la coupe masculine de ses costumes et de ses mœurs exceptionnelles. Son maintien est toujours réservé et ne choque nullement les principes de la morale. La *Cachucha* n'a rien de profane ; la *Castagnette* elle-même se contente d'être gaie sans être évaporée ; son *Fandango* est naturel...

Après cette danse tourbillonnante, Madame de Montespan offrit un lunch dans la grande salle du château de Lez, converti en casino pendant la saison d'été. D'un mouvement de la main, elle indiquait tour à tour à tous les invités leur place à la table improvisée ; à un de ses signes, les laquais s'empressaient autour des convives, et savaient deviner leurs désirs. On mangea des fruits et des gâteaux. Le Champagne coulait libéralement, royalement.

Pendant ce léger repas, quelle gaieté communicative, mes amis ! quel feu roulant de plaisanteries ! Chacun jetait son grain de poudre dans ce feu d'artifice... (pour faire honneur à cette figure pimpante). Pourtant comme cette société se composait principalement de jeunes gens, on était impatient de quitter la table pour reprendre les amusements. Parmi cette jeunesse, on remarquait une jeune fille de dix-sept ans, vêtue à la catalane. Une chaîne en or, à laquelle sont attachés un cœur et une croix, ornait son cou. Elle était jolie, très jolie ; elle avait des sourires et de petits mouvements coquets, charmants... et lorsqu'on l'avait vue une fois, on s'en allait la flèche dans le cœur.

— Je donnerais vingt louis pour avoir son portrait, dit le comte de Guiches.

— Mâtin! dit à son tour Lauzun, quelle superbe fille! Je voudrais que toutes les puces de mon lit lui ressemblent.

— La place est belle : qui la prendra? reprit le comte de Guiches.

— C'est une conquête bien digne d'être tentée même par vous, ajouta Lauzun.

— Si j'avais vingt ou vingt-cinq ans de moins, je ne dis pas, répondit le comte de Guiches.

— Ses yeux noirs tournerait la tête au diable, fit Montchevreuil.

Le duc de Longueville éclata de rire.

Elle était à cet âge où commencent à se développer toutes les grâces séduisantes d'une jeune fille. Son esprit comme sa beauté la faisaient distinguer parmi toutes ses compagnes, quelques charmantes qu'elles fussent. Sa voix, nous entendons dire son chant, était embellie par une simple et touchante expression. On finit par lui demander une romance. Elle refusa d'abord de chanter, disant qu'elle ne pouvait le faire sans accompagnement. On lui apporta une guitare, qu'elle suspendit à son cou par une écharpe bleue. Elle était surtout belle ainsi, car peu d'accessoires vont mieux à une femme que celui-là. Après avoir fait quelques accords sur son instrument, elle chanta avec une délicatesse infinie, mais avec une expression ravissante la peine d'un malheureux enfant qui demandait l'aumône pour sa mère ruinée; un chef-d'œuvre de sentiment!...

Ensuite quelqu'un parla d'une charmante ballade française qu'une autre jeune fille chantait agréablement en y mettant l'accent espagnol; on la lui demanda universellement : c'était la ballade du *Compère Guillery*, qui allait à la chasse, à la chasse aux perdrix, Carabi, qu'on lui avait apprise et fait chanter à Luchon.

Elle la chanta sans se faire prier, ce qui était aussi aimable.

Qu'elle était ravissante de grâce et de naturel! sans apprêt, sans pose! sans autre parure qu'un corsage de velours bleu avec une jupe verte assez courte pour qu'on put admirer son pied; un fichu de soie noué négligeamment autour du cou ; un autre roulé autour de ses cheveux en forme de turban ; une main digne des baisers d'un roi !

Son costume était à la fois espagnol et oriental.

Les perles aranaises ont des formes régulières assez développées ; de grands yeux longs et pleins de feu ; une figure d'une admirable expression, un teint légèrement bronzé, un sein bien arrondi et les plus beaux bras du monde.

Aimer, elles ne savent autre chose, et ne veulent rien savoir de plus... leur amitié est pareille aux plantes de leurs montagnes ; une fois qu'elles ont pris pied dans la terre qui leur convient, ni le vent, ni la neige, ni le soleil ne peuvent compromettre leur vitalité ; elles accrochent vigoureusement leurs racines dans les fissures du roc. Ainsi font-elles.

En Espagne, toutes les jeunes filles semblent jolies ou du moins agréables. C'est un effet de leur simplicité d'ajustement, et non des parures recherchées qui les dépareraient au lieu de les embellir. Nous ne savons plus quel auteur prétend que ce sont les laides qui ont fait venir la *mode* pour rendre les belles semblables à elles et les enlaidir. Le tour ne serait pas maladroit, c'est la ruse du renard de la fable qui voulait que tous ses confrères se fissent couper la queue.

En France, il n'y a que les jeunes filles pauvres et honnêtes qui n'ont pas la permission de s'enlaidir; elles sont condamnées forcément à rester jolies...

A propos de parure, nous citerons, moins pour la partager qu'à cause de son originalité, l'opinion d'un autre auteur. Il prétend, lui, que les femmes ne se parent pas pour les hommes, mais pour les femmes : « C'est la vanité seule, dit-il, qui les revêt de si brillants atours. Elles savent bien que les hommes les aiment mieux sans tout cet attirail; mais elles préfèrent paraître moins attrayantes et ne le pas céder aux autres femmes en luxe et en éclat. La belle avance d'entendre murmurer autour de soi : *Les riches diamants! La superbe dentelle!* plutôt que *les doux yeux! la charmante figure!*

Le soir étant venu, on s'empressa de rentrer à Luchon, en suivant la rive gauche du fleuve gascon (gascon jusqu'au bout des sources) qui entre en France au point nommé Pont-du-Roi.

Retour d'Espagne. — Séjour à Luchon.

Lorsque la caravane arriva à Luchon, la ville était dans toute sa gloire, les réjouissances à leur plus joli moment. On voyait rayonner dans tout leur éclat, les rois de la fashion, les reines de l'élégance et de la mode.

A Luchon, la fièvre de la danse surtout convulsionne le monde. On danse un peu partout. On danse chez l'ambassadeur de la Grande-Bretagne, on danse chez l'ambassadeur d'Espagne, on danse chez l'ambassadeur de Russie, on danse quand on danse !... Le prince Mentchikoff dansait avec la princesse Polinatoski ; Lord Raglan dansait avec madame O'Connel ; Kossuth dansait avec madame Maccini ; le prince Amédée de Savoie dansait avec madame Montecuculli. (C'est là que s'opérait littéralement d'elle-même la bonne *concentration*). La Prusse passait son bras sous celui de l'Autriche ; la France et l'Angleterre se tenaient par la *manche*...

Dire ce que c'étaient que ces bals ce serait

un livre ; c'était prodigieux ; c'était de l'or et des flammes partout...

Le premier bal auquel assista la marquise fut celui de la ville...

Déjà les invitations à ce bal avaient été lancées à tout ce que Luchon possédait de blondes parisiennes, de brunes provençales, d'aimables languedociennes blondes et brunes, et de cavaliers distingués de tournures et de manières, lorsqu'on apprit le retour à Luchon de Madame de Montespan.

A cette nouvelle, ce fut par toute la ville un engouement universel. A chaque instant, son nom sortait de toutes les bouches ; on considérait Madame la marquise comme le phénix des femmes de la Cour.

L'un disait qu'elle était la belle des belles,

L'autre, que son esprit égalait sa beauté,

L'autre, qu'elle était resplendissante de jeunesse et de grâce,

L'autre, qu'elle dansait comme une nymphe.

Tous, en un mot, ne savaient assez l'admirer et la louer...

L'émotion était générale. On décorait les rues par où elle devait passer.

Lorsque Madame la marquise arriva, la foule, s'ouvrant d'elle-même, lui livra respectueusement passage. La musique se fit entendre avec un nouvel éclat, et tous se mirent à crier de toute la force de leurs poumons : Vive Madame la marquise !

On voyait à sa manière de saluer et de remercier qu'elle était contente de l'accueil qu'on lui faisait : elle remplissait la salle de son rayonnement.

Plusieurs seigneurs se précipitèrent pour lui offrir la main, mais elle n'accepta par convenance que celle du bailli de la ville, qui la conduisit au siège qui lui était réservé.

Dès qu'elle fût à sa place, ce magistrat la complimenta chaleureusement, et lui offrit avec les fleurs de sa rhétorique un bouquet de fleurs naturelles aussi rares, aussi choisies ; mais ce bouquet à peine gros comme le poing, était si frais, si recherché dans son goût, si tranché dans ses couleurs, si nouveau dans sa forme, en un mot si complet dans sa perfection qu'on ne le regardait plus comme un bouquet, mais comme un chef-d'œuvre.

Quand le bailli eut cessé de parler, elle le

remercia par une inclination de tête, à la fois si noble et si bienveillante, qu'on y sentait la satisfaction et la joie bien naturelles d'avoir été louée selon son cœur.

La marquise se promenait, la tête haute, le port d'une reine, faisant jouer dans ses doigts son bouquet avec un laisser-aller qui lui allait si bien !

La salle était splendide. Au fond, figurait le buste de Louis XIV, artistement enguirlandé. Son attitude respirait la majesté et une grâce héroïque. Son regard était néanmoins d'une gravité sévère. On y lisait sa pensée comme en un livre ouvert.

A ce moment même arrive l'Intendant de la Généralité, suivi de plusieurs étrangers de distinction qu'il présenta tour-à-tour à Madame la marquise. Elle trouva un mot aimable pour chacun, et même un compliment très bien venu à l'adresse de l'Intendant. Elle le félicita particulièrement pour les grandes améliorations que Luchon lui devait et pour tout ce qu'on espérait encore de lui.

Le bal, interrompu par l'arrivée de Madame de Montespan, reprit de plus fort et continua jusqu'au jour :

Quoi de plus doux que ce bruit enivrant,
Que ces clartés dont les feux vous inondent,
Et ces transports qu'on excite en entrant,
Et ces regards qui sur vous se confondent !

Le bal se termina par l'exhibition d'un tableau vivant, un spectacle des plus émouvants. Au lever de la toile, on vit apparaître un grand portrait en pied de Madame la marquise, richement encadré. Le portrait la représentait flottant au milieu de fleurs symboliques, d'étoiles mobiles, de papillons d'or, comme une sorte d'apothéose.

Par une touchante allusion, qui ne manquait pas d'à-propos, le peintre avait placé dans le fond du tableau une image de petit enfant rose et frais. C'était son fils qui fût plus tard le duc d'Antin.

Bal des Anglais.

Le second bal s'ouvrit chez l'ambassadeur des Trois-Royaumes, par un *God Save the King*. La salle était comble et inondée des flots d'harmonie. L'éclat des diamants se mêlait avec profusion à l'éclat des lustres. Tout ce qui comptait par le rang et la réputation dans la colonie étrangère s'y était réuni. Lorsque Madame de Montespan fit son entrée, un murmure d'admiration s'éleva de toutes parts. On se mit à faire des révérences de *dignité première*.

La marquise avait l'air d'une déesse au milieu de tous ces pairs et de toutes ces pairesses. Sa démarche, la grâce souveraine de ses attitudes et de ses mouvements, tout en elle était noble et superbe comme un souvenir de Louis XIV et de Versailles. On admirait sa bouche aux fins contours, ses yeux pleins de flammes et de pensées et l'arc délié de ses sourcils noirs.

Elle était triomphante au milieu des plus grands personnages de l'Europe. Elle éclipsait tous les aigles allemands, toutes les jarretières anglaises, toutes les toisons d'or... L'admirée marquise tenait bon contre l'attention générale, sans rien perdre de ses allures vives et légères. Jamais elle ne s'était sentie si gaie, si causeuse, si pleine d'entrain... Elle trouvait des mots charmants; elle tenait tête à tous ceux qui se tuaient de lui dire de jolies choses ; elle allait jusqu'à sourire au grave lord Southampton qui la fatiguait de ses tendres attentions ; elle savait s'associer aux pensées de lord Campbell et lui insinuer les siennes ; tantôt elle se tournait vers don Fernando X..., qui l'observait en faisant remonter le col de son rabat ; tantôt, du côté de don Francisco Z..., qui la tenait en joue avec des admirations toutes prêtes... Il fallait voir avec quelle facile aisance elle jouait de la langue anglaise avec toutes ces ladys et ces miladys, toutes passées à l'empois, alliant toujours aux plus grands airs les manières les plus affables... S'adressant à lord Nervill : On m'a dit que vous aimez beaucoup à voyager, Mylord ?...

— Beaucoup, Madame la marquise ; j'ai passé près de trois ans à l'étranger.

— Au moins deux en Italie, n'est-ce pas ? et vous aimez l'Italie j'espère. Vous êtes artiste, dit-on, et poète peut-être...

— Cela dépend, Madame la marquise. Si l'enthousiasme est de la poésie, je suis de ceux que passionnent les beautés poétiques. Je n'écris pas ; j'admire et j'adore.

Et vingt autres colloques de ce genre, où elle savait mettre un esprit aussi vif que ses yeux.

Une même urbanité régnait dans tout ce monde. C'est que partout la bonne compagnie est la même, et qu'autrefois la bonne compagnie seule se trouvait dans ces centres de plaisir. C'était tout des gens qui se valaient, des physionomies faites les unes pour les autres...

Le bal britannique était à son zénith, lorsque tout-à-coup le bruit se répand dans les salons, dans les cours, sous les charmilles que le Roi est arrivé à Montespan. Ce bruit, d'abord vague et mystérieux, fait pour affoler tout le monde, arriva par degré à la certitude. Grande rumeur alors dans la salle. Le bal est suspendu...; les phrases commencées ne s'achèvent plus... Toutefois on tint chapitre. Instantanément le bailli opina qu'il fallait, et plus tôt que plus tard, envoyer au Roi une adresse saupoudrée de précautions respectueuses, pour lui exprimer que, si Sa Majesté daignait honorer Luchon d'une visite seulement de deux heures, la reine des Pyrénées lui présenterait les clefs de la ville sur un

plat d'argent ! Des applaudissements frénétiques éclatent de tous les points de la salle...
Pendant qu'on taillait les plumes, le bailli fait convoquer les *Guides* de Luchon (1) qui, dans un clin d'œil, forment le cercle autour de lui :
« Mes amis, leur dit-il, demain à la pointe du jour, soyez prêts à monter à cheval, habit et chapeau galonnés, le roi est à Montespan, notre devoir est d'aller le joindre, et monter la garde sous les murs du château et vive le roi !

Aussitôt s'éleva jusqu'au ciel un cri de vive le roi ! trois fois répété en chœur.

Il est minuit !

Le bailli de Luchon fait ensuite publier aux flambeaux, dans la ville, une proclamation où il annonçait cet heureux événement. A cette nouvelle, ce fut partout d'universels transports, de bruyantes acclamations.

Minuit et demi.

---

(1) Ils sont à cheval en uniforme ; veste de velours noir, gilet et ceinture rouges, béret bleu avec houppe blanche, pantalon blanc ; de la main gauche ils tiennent, avec la bride du cheval, la lance aux trois couleurs ; de la main droite ils tiennent le fouet traditionnel, aux pompons rouges, à la mèche retentissante (baron de Nervo).

O revirement des choses humaines ! ô déception inopinée! sur ces entrefaites mêmes, arrive un message qui annonce à Madame la marquise que Sa Majesté n'a fait qu'un simple acte d'apparition, et qu'elle est aussitôt repartie pour Versailles. Vive commotion ! Non, la glace qui se rompt sous les pieds des patineurs ne produit pas un effet plus foudroyant!... On demeura pétrifié... Qu'était-il donc arrivé? On se perd en mille hypothèses, et chacun bâtit sa fable sur cette histoire : les uns attribuent cette fugue du roi à son excessive jalousie et n'y voient qu'un rendez-vous, dont on devait religieusement garder le secret; les autres estiment que ce n'est là qu'une *surprise*, et que le roi n'a voulu qu'intriguer Madame de Montespan. Le chef des *guides* croit lui, que le roi est depuis quelques jours dans le pays, et qu'il lui semble bien l'avoir accompagné une fois ou deux à la cascade du *Cœur* avec une femme déguisée en homme. En un mot, on se livra à mille suppositions, et l'on s'arrêta naturellement à celles qui blessaient le moins l'honneur de Madame la marquise.

Madame de Montespan restait toute rêveuse et semblait vouloir se dérober à tous les regards. L'état auquel elle était en proie était-il réel ou simulé? Mystère!... Elle était d'une impénétrabilité inimaginable.

Depuis ce moment, Madame la marquise ne pensa qu'à retourner à Versailles. Les Pyrénées lui devinrent pesantes de plus en plus... Le départ fut hâté; les malles ne tardèrent pas à être bouclées et toute la volée rentra au colombier de Versailles.

Bien différents étaient les sentiments de Mademoiselle de Mareuil, une orpheline de vingt ans, élevée depuis son enfance à l'ombre du cloître, dans les principes de la morale la plus pure; laquelle, voyant la profondeur de l'abîme qui s'ouvrait devant elle et le danger qu'elle courait dans ce monde, voulut quitter cette vie équivoque et retourner à Dieu, à ses pratiques religieuses, à ses règles, à ses anciennes compagnes, qu'elle avait quittées la douleur dans l'âme, et dont les voix pures et chastes se confondaient avec celles des anges. Cloître saint, disait-elle, retraite obscure, port tranquille, où je vivais à l'abri des orages, je reviens à toi... Elle frémissait au souvenir du péril qu'elle avait couru au milieu de ces amusements frivoles. Elle repassait dans ses pensées les scènes dont elle avait été témoin. Le ciel ! le ciel ! disait-elle : voilà la vie ! Voilà le bonheur !... Voilà le rêve que j'avais fait au début de la vie, le voilà maintenant en voie de devenir une réalité.

Triomphe ! triomphe ! s'écria-t-elle. Adieu fleurs d'un jour qui brillâtes si belles. Ma place sera maintenant dans la maison de Dieu, près du lys de Jessé, dont le parfum est le souffle de l'éternité... Triomphe ! triomphe ! les portes s'ouvrent et le ciel est gagné...

Elle prononça ses vœux d'une voix satisfaite, le vœu qui la sépare à jamais du monde !...

« O jours de la religion, que vous êtes grands, mais que vous êtes terribles... »

Après le départ de la marquise, la nature reprit ses droits à Montespan : les arbres redressèrent librement leurs sommets ployés, et les rossignols, effarouchés par les sérénades, se remirent à chanter sous les fenêtres du vieux manoir.

Ici finit la légende relatée dans les deux cahiers de M. Arqué. Il l'a écrite de sa plus belle encre... Ce qui la rend plus précieuse encore et plus assurée de passer à la postérité, c'est qu'il l'a couchée sur beau velin, et qu'elle est tombée dans les archives du marquis de L***.

Le voyage de Madame la marquise aux Pyrénées repose-t-il sur la vérité? Ma foi non, dit l'histoire : le château, à cette époque, n'était ni habité ni habitable; certainement si, répond la légende, et vous savez que souvent je suis plus vrai que l'histoire.

Qu'importe ! Vraisemblable, la légende se déroule comme l'eau d'une source qui s'enfonce dans le sol pour reparaître plus loin, sous des actions secondaires, mais qui, à notre sens, l'expliquent et y concourent..... Ce qui la précède et la suit est rigoureusement historique. Rigoureusement, non ! car il y a toujours un peu de roman dans l'histoire, comme il y a un peu d'histoire dans le roman. Mais, brisons là-dessus, et reprenons M. Arqué. En laissant tomber sa plume, il ne laisse pas tomber son cœur ; il lègue aux historiens à venir le soin de venger la mémoire du marquis... Soyez tranquille, M. Arqué, les historiens à venir ne répudieront pas votre legs ; votre appel à la postérité sera entendu !...

A quelques jours du moment où nous nous plaçons, les événements devinrent féconds en péripéties... Vingt longs chapitres ne suffiraient pas pour les mettre sous les yeux du lecteur. Eh ! comment notre plume se hasarderait-elle à esquisser le tableau des jours que la marquise passa au sein de la famille royale, après les pages immortelles qu'on a lues de Saint-Simon et de Madame de Sévigné ! Vouloir parler après eux des événements qui s'écoulèrent durant cette longue période de la vie ce serait une tâche qu'on nous saura certainement gré de ne vouloir pas entreprendre. Nous ne ferons simplement que narrer.

Madame de Montespan résidait habituellement au château de Clagny, situé à côté de Versailles ; elle le tenait du roi, de même que celui de Petit-Bourg, près de Fontainebleau. Bientôt la bonne fortune lui tourna la tête. Vantée, adorée, comblée de faveurs, elle berçait dans son imagination exaltée des rêves d'un avenir plus brillant.

L'ambition lui rongeait le cœur. Ses soirées attiraient les illustrations de la Cour et de l'Académie, les célébrités politiques et littéraires, la haute magistrature et la finance, toutes les notabilités françaises et même étrangères. Là, se faisait l'opinion, là, venaient aboutir toutes les espérances et toutes les craintes de la Cour..... Son mari, replié sur lui-même, se sentant humilié, ces manèges lui déplaisaient, tout en les admirant ! Toutefois, il ne se désista pas encore du tendre attachement qu'il portait à sa femme. Il supportait ses caprices et se pliait à ses fantaisies, tant qu'il ne la crut pas coupable, tant qu'il n'y eut pas de scandale.

Monsieur de Montespan, lui dit-elle un jour, vous n'y pensez donc pas ! vos prévenances nous exposent à la risée de la Cour..... On ne roucoule pas ici comme d'innocentes tourterelles. Je crois vous avoir déjà dit que vous m'aimez trop...

Ces paroles durent convaincre Monsieur de Montespan des malheurs qui étaient à la veille de troubler sa vie conjugale; mais il dissimula et résolut d'attendre avant de condamner sa femme. Celle-ci poursuivait toujours le sillon de ses rêves. Son mari avait beau fermer les yeux sur tout ce qui se passait autour d'elle, il ne pouvait s'empêcher de voir... Bientôt sa perspicacité lui apprit que le roi ne pouvait plus se passer de sa favorite ; qu'il avait besoin de ses conseils, de sa gaieté pour faire diversion à sa tristesse.

Devenue maîtresse déclarée de la Cour (1667), tous les honneurs, tous les hommages furent pour elle... mais elle était du monde où les plus belles roses ont le *plus beau* destin...

Une chose qui intéresse toujours, c'est de rappeler les mots et les reparties des personnages qui ont joué un rôle à la Cour, et qu'on trouve relatés dans les chroniques du temps ; si elles n'ont pas la grâce de la nouveauté, elles auront, du moins, celle de la vérité.

Le 26 novembre 1668, la veuve Scarron était chez Madame d'Haudicourt, où elle avait trouvé les dames de Vivonne et de Thianges. De propos en propos, la conversation tomba sur les bruits qui couraient dans Paris.

— Je suis certaine, dit Madame de Vivonne, que le roi n'aime plus la duchesse de La Vallière. On dit même qu'une autre grande dame de la Cour est dans les bonnes grâces royales.

— Il ne faut pas ajouter foi aux malins propos des courtisans oisifs, répliqua Madame de Thianges ; je sais bien qu'on a nommé ma sœur ; mais je prends le Ciel à témoin qu'il n'en est pas ainsi.

On a voulu calomnier ma sœur et la perdre de réputation.

— Encore quelques jours et tout sera éclairci, reprit Madame de Vivonne ; je ne veux pas plus qu'une autre faire des jugements téméraires, mais j'en sais assez pour ajouter foi aux nouvelles répandues par la rumeur publique.

— Je vous proteste que c'est une infâme calomnie ; Madame de La Vallière est toujours maîtresse du roi.

— Que me promettez-vous si cela arrive ?

— Je vous promets trois barreaux de la fameuse échelle de Jacob.

— Elle est déjà supplantée par Madame de Montespan, dit tout bas Madame de Vivonne, en se penchant vers la veuve Scarron.

Les suppositions multipliées chaque jour par la verbosité des courtisans ne tardèrent pas à se réaliser. En vain la nouvelle favorite cherchait à cacher les marques de la faveur royale dont elle rougissait encore; le nom de Madame de Montespan était dans toutes les bouches, et la retraite subite de la duchesse de La Vallière confirma tous les soupçons.

Madame de Montespan, devenue maîtresse du roi en titre, fut un matin faire des emplettes au Palais, et ne voulant pas prendre dans son carrosse ce qu'elle venait d'acheter, elle pria la marchande de le lui faire apporter chez elle, et de peur d'une méprise, elle lui demanda si elle la connaissait bien? Oui vraiment, Madame, lui répondit la petite marchande, j'ai bien l'honneur de vous connaître; n'est-ce pas vous qui avez acheté la *charge* de Madame de La Vallière?...

On rit beaucoup de ce mot qui fut trouvé fort piquant.

Le chevalier de Gondrin, cousin de M. de

Montespan, et comme moins intéressé, il ne se fit pas de la peine de parler de l'aventure de sa chère cousine. Il disait un jour qu'il était chez le marquis d'Antin, son oncle, père de M. de Montespan, en lui communiquant une lettre de Paris dans laquelle on lui marquait que le roi était amoureux de sa belle-fille : Dieu soit loué, voici la fortune qui commence d'entrer dans notre maison...

« Vous avez tout l'esprit possible, ma chère Athénaïs, lui écrivait sa sœur, mais en vérité votre esprit n'est pas celui des affaires. Vous vous négligez ; vous vous délaissez ; vous ne faites aucun cas, aucune estime de vous-même. La *petite boîteuse* avait à peine fait mademoiselle de Blois, qu'on la vit duchesse de Vaujours et de La Vallière. Gabrielle d'Estrées, dès son début, fut duchesse de Valentinois et princesse. Il n'y a que vous qui n'êtes rien, et vos parents à peu près de même. »

Dans cette lettre où le naturel du genre éclate dans toute sa force, on voit que Madame de Thianges possédait d'utiles connaissances en histoire, et que la famille de la marquise exploitait sans aucune gêne une telle situation. Le duc de Vivonne devint bientôt après maréchal de France, commensal du roi, et sa plus jeune sœur y gagna la royale abbaye de Fontrevault, la plus opulente des abbayes de France.

Quand elle se présenta à la Cour pour faire au roi sa visite de remerciements, elle voulut voir le duc de Maine, confié aux soins de Madame Scarron. Qu'il est beau, dit-elle en le voyant, qu'il a l'air noble! Ah! ma sœur, combien je vais aimer un pareil neveu. — Me pardonnez-vous maintenant, lui dit aussitôt sa sœur, de l'avoir mis au monde! — Lorsque je vous blâmais, répondit-elle, je n'avais pas encore vu le roi; quand on l'a vu, tout est excusable, tout est bien... Embrassons-nous, ma chère sœur, et n'oublions jamais que je vous dois mon abbaye... la plus opulente des abbayes de France. »

Lorsque le déshonneur de Madame de Montespan fut public, le marquis revint dans son château aux pieds des Pyrénées (1), et

---

(1) Il s'agit toujours du château de Bonnefont d'Antin, que le marquis abandonna après la mort de sa mère pour aller habiter le château de Saint-Élix, près Carbonne.

annonça à sa mère et à son fils que la marquise était morte ; il prit le deuil et fit peindre au dehors de toutes les églises de ses domaines la litre funèbre qui indiquait que la noble châtelaine n'était plus...

Dix-huit ans s'écoulèrent (on en ferait un gros livre) durant lesquels son mari lui écrivit inutilement, pour la ramener, des lettres pressantes comme celle-ci qui les résume toutes :

Montespan, le 15 de mai 1667.

« Je tiens, Madame, plus que jamais à votre voyage des Pyrénées. Si vous m'aimez, comme toutes vos lettres me l'assurent, il faut monter en bonne voiture et venir. Nous possédons ici des biens considérables que ma famille, dans les dernières années, avait passablement négligés. Ces domaines veulent ma présence et ma présence veut la vôtre.

« La Cour est un fort beau pays sans doute, et sous le règne actuel plus que jamais. Plus cette Cour est magnifique et plus je m'en inquiète...

« Venez les voir de près, ma chère Athénaïs, ces imposantes Pyrénées : à toutes ces beautés il manque la vôtre. Vous seriez ici comme Diane, la divinité de ces nobles forêts. Tous nos gentilshommes vous attendent. Ils vous admirent d'après votre bonbonnière ; ils vous destinent les fêtes les plus aimables ; vous pouvez compter sur une véritable Cour...

« C'est ici que vous trouverez l'antique noblesse béarnaise qui suivit Henri IV et lui mit le sceptre à la main. Messieurs de Grammont et de Biron sont des nôtres ; leur formidable châteaux dominent la contrée et les font ressembler à des rois.

« Ah ça ! Madame, tout de bon, je suis las de vous cajoler et de vous flatter comme je le fais dans cette épître et dans les autres. Voulez-vous de moi ou n'en voulez-vous pas ? Votre charge de dame du palais vous retient, dites-vous, auprès du monarque : demandez ou laissez-moi demander pour vous un congé. Après avoir été quatre années consécutives dame du palais, consentez à devenir dame du château, puisque vos devoirs envers un époux vous y obligent...

« Je suis, mais non, je serai tout à vous, lorsque vous serez toute à moi.

« Montespan. »

La marquise s'empressa de répondre à son mari que son impatience et son humeur la désolait... Elle lui donnait sa parole d'honneur de l'aller retrouver après le voyage à Fontainebleau, c'est-à-dire après l'automne. Cette lettre, loin de le calmer, produisit l'effet tout contraire.

Elle reçut la lettre suivante en réponse à la sienne :

« Vos allégations ne sont que de vains prétextes, vos prétextes couvrent vos mensonges ; vos mensonges fortifient toutes mes alarmes ; vous me trompez, Madame, et vous avez le projet de me déshonorer. Mon cousin qui vous avait mieux apprécié que moi avant mon funeste mariage, mon cousin que vous n'aimez pas et qui ne vous craint guère, me mande que, sous prétexte de faire compagnie à Madame de la Vallière, vous ne bougez de chez elle aux heures que le roi lui donne, ce qui veut dire trois grandes heures chaque soir.

« Là vous êtes la suprême procuratrice des on-dit et des nouvelles ; le fléau de toutes les personnes absentes ; la complaisante officieuse du scandale... Le roi, dans les commencements, se tenait en garde contre vos agaceries ; vous l'avez attaqué par mille procédés peu honorables ; vous avez su le contraindre à faire attention à vous. Si toutes les lettres qu'on m'écrit à ce sujet et qui sont à peu près univoques, ne sont point concertées, si votre conduite est ce qu'on m'annonce, si vous avez outragé et déshonoré votre mari, attendez-vous, Madame, à tout ce que l'excès de votre imprudence mérite...

« Rendez-moi mon enfant à l'instant même. Mon malheureux fils est issu d'un sang où l'on n'a pas encore eu à rougir de pareils désordres. Que gagnerait-il si ce n'est de mauvais exemples auprès d'une mère sans retenue ; rendez-le moi et veuillez le confier à l'instant à Dupré, mon valet de chambre, qui en aura soin jusqu'à mon retour. Ce retour sera plus prochain que vous ne pensez et je vous renfermerai dans un couvent, à moins que vous ne me renfermiez à la Bastille.

« Votre infortuné mari,
« Montespan. »

Le roi me vit le soir même : Vous avez quelque chose... Je lui montrai la lettre que je venais de recevoir, et Sa Majesté changea de couleur. On l'empêchera toujours bien de vous manquer, dit-il. Et puis, après quelques minutes de rêveries.. Rendez-lui le marquis d'Antin. Il vous est inutile, peut-être incommode, et la privation de son enfant le pousserait à quelque acte de désespoir...

Quoique M. de Montespan ne se gênât pas de parler de la conduite de sa femme, il n'aimait pas pourtant à être raillé là dessus, et tout chevaleresquement poli qu'il était, il n'a point ménagé les personnes qui ont voulu badiner sur ce chapitre. Un jour qu'il jouait au Lansquenet avec quelques dames de la Cour, sa carte qui était un roi de cœur, fut la première prise, et comme il pestait un peu, une présidente voulant faire le bel esprit, lui dit : Ah! Monsieur, ce n'est pas le roi de cœur qui vous a fait le plus de mal... M. de Montespan aigri par sa perte et par le mauvais bon mot de cette présidente, lui répondit : Si ma femme est à un Louis, vous êtes à trente sols...

Le duc de Saint-Simon parle d'une lettre adressée par le roi à Colbert pour lui ordonner de le débarrasser de ce personnage indisciplinable qui faisait trop de bruit. Voici la lettre :

« Monsieur Colbert, il me revient que Montespan se permet de propos indiscrets. C'est un fou que vous me ferez le plaisir de suivre de près, et pour qu'il n'ait plus de prétexte de rester à Paris, voyez Novion, afin qu'il se hâte au Parlement. Je sais que Montespan a menacé de voir sa femme et comme il en est capable et que les suites en seraient à craindre, je me repose sur vous pour qu'il ne parle pas ; n'oubliez pas les détails de cette affaire et surtout qu'il sorte de Paris au plus tôt. »

Mort de Madame la mère (1).

Vers ce même temps arriva la mort de cette vénérable femme, dont l'âme grande et

---

(1) Chrestienne de Zamet était issue d'une famille de financiers de Paris et avait apporté en dot (1635) à la maison de

forte avait su surmonter toutes les épreuves dont sa vie fut semée, et M. de Montespan qui avait pour elle autant d'amour que de respect allait être accablé à la suite de cette perte d'un surcroît d'amère affliction.

La vieille marquise qui sentait ses forces décliner, manda son fils aux premières atteintes du mal : « Mon fils, lui dit-elle, nous allons être séparés pour toujours ; je sens que mon existence est parvenue à son terme ; je meurs tranquille au bout de ma tâche comme expire le combattant frappé sur le champ de bataille où l'appelait son devoir. Je me suis toujours appliquée à remplir le mien dignement.

Ma bouche ne prononcera point le nom de celle qui, sans aucun souci de l'honneur, a pu préférer l'éclat d'une fortune honteuse, une célébrité de scandale, à la noble dignité de ses devoirs d'épouse et de mère ; non, ma malédiction n'ira point là où est descendu mon mépris...

Montespan une fortune considérable, notamment d'énormes rentes sur les gabelles de Normandie, la châtellenie de Murat dans le Bourbonnais et ses droits sur le duché d'Epernon.

— Oh ! ma mère, s'écria M. de Montespan d'une voix altérée par ses sanglots, ne soyez pas impitoyable ! Dans ces cruels moments, vos paroles ont la gravité qu'aurait la voix de Dieu même. Permettez à votre fils une loyale prière. N'accablez point d'une réprobation irrémissible la malheureuse dont les yeux aveuglés n'auront pas assez de pleurs pour expier un jour son égarement.

— Mon fils, poursuivit la mourante, l'indulgence envers le vice est coupable et le pardon ne doit pas devancer le repentir. N'entourez point d'excuses, dont vous ne sauriez partager la faiblesse, le détestable abandon d'une femme qui a payé du déshonneur votre amour immense. Maintenez-vous, quoi qu'il advienne, dans les sentiments qui vous ont animé jusqu'ici. Vous honorerez ainsi votre nom, et l'opinion des gens de bien sera avec vous contre votre oppresseur (1).

Quelques jours après la mort de sa mère, M. de Montespan abandonna Bonnefont et

---

(1) Nous empruntons ce colloque à l'auteur des *Huguenots, Au monastère de Trie.*

transporta sa résidence dans son château de Saint-Élix, qu'il ne devait plus quitter.

Quand une grande infortune, dit un profond philosophe, tombe avec violence sur le cœur, d'abord il demeure comme anéanti; il ne voit, il n'entend, il ne sent plus rien : la vie y semble suspendue ; mais à peine y a-t-elle repris son cours, que toutes les douleurs s'y précipitent avec elle, s'y pressent en foule, le brisent, le déchirent de toutes parts ; alors on crie, on s'agite, on voudrait mourir ; mais on craint en mourant d'emporter son malheur avec soi ; on veut d'abord s'en délivrer, le rejeter dans le monde, et mourir ensuite pour se reposer de l'avoir souffert.

Opinion de Madame de Montespan sur son mari.

Il n'y a pas d'homme, dit-elle dans ses mémoires (proclamés apocryphes et falsifiés dans l'intérêt des familles), il n'y a pas d'homme plus entêté dans ses idées et plus volontaire que le marquis... Il voulut partir malgré mes amitiés et mes instances ; et lorsqu'il fut installé à l'autre bout de la France, il se jeta, sans trop savoir pourquoi, dans les entreprises et les projets d'économie et d'agriculture. Il releva des chaussées et des moulins ; il encaissa un large torrent ; il compléta les pavillons de son château ; il replanta des bois ; il greffa des vignobles et se mit à guerroyer en outre les chamois, les sangliers du Nébousan et des Pyrénées.

Madame de Montespan alléguait souvent que sa destinée était venue d'un hymen mal assorti. Mon mari, disait-elle, est un de ces hommes vulgaires qui regardent une femme non comme une amie, une compagne, une société libre et honnête, mais comme une propriété, comme un meuble utile au ménage et qu'on ne s'est procuré que pour soi... un de ces hommes qui veulent et ne veulent pas ; aujourd'hui un satin, demain un porc-épic... Mon cœur, si on eût daigné lui laisser quelque liberté, aurait fait un choix digne de ma famille et de moi-même. On s'empressa de m'imposer pour mari M. le marquis de Montespan. A peine mon mariage fut-il conclu et célébré, que vingt partis des plus brillants exprimèrent en prose et en vers le regret de m'avoir perdu sans retour. Je pris en aversion tous ces personnages, assez maladroits pour oser me dire qu'ils avaient oublié de me demander à mes parents.

Madame de Montespan avait déjà fait prononcer contre son mari la séparation de corps et de biens. Le marquis demandait alors au Parlement qu'on lui remit le fils qu'il avait eu d'elle. Elle lui refusa cette dernière consolation.

Il y avait eu plusieurs tentatives d'enlèvement. Un jour que la marquise revenait des environs d'Etampes avec son fils, douze cavaliers bien montés firent feu sur son cocher et faillirent arrêter le carrosse ; elle ne dut son salut qu'à la vitesse de ses chevaux. « Votre mari n'en démord pas, lui dit le roi. A l'avenir, vous aurez des gardes du corps, comme la reine et moi. »

Pendant toute cette période, le caractère de M. de Montespan, nous apparaît plein de noblesse et d'élévation ; son âme grande et forte avait su surmonter les épreuves dont sa vie fut semée. Blessé dans sa dignité de mari, aux révoltes de son cœur, aux orages des premiers jours, il opposa le calme et la résignation, un cœur fort et viril qui ne fléchit jamais...

La malignité publique fait toujours sa part : il y eut de lâches médisances et plusieurs anecdotes mensongères appuyées sur des saillies d'un gros sel.

Des écrivains de mauvaise foi, pour enlever à cette fière et noble victime les seuls biens qui lui restaient : l'honneur et l'estime des gens de bien, ont été jusqu'à déclarer que le marquis aurait reçu du roi des sommes importantes pour prix de sa honte et de son déshonneur... Sensible à cette accusation, il se défendit par une éclatante et solennelle justification.

Resté entièrement seul, il comprit que le meilleur moyen de surmonter cette mélancolie *froide* et pleine de langueur qui l'assiégeait, il fallait imprimer à sa vie une forte impulsion d'activité. En conséquence, il se livra avec ardeur à de grands travaux de réédification et d'améliorations agricoles et autres.

M. de Montespan était le meilleur seigneur qu'on puisse voir. Nous voulons citer de lui un trait de large générosité. Un jour, il jouait au lansquenet, et comme il s'agissait d'un coup fort important, Madame de Frauts, qui était présente, lui dit qu'elle souhaitait bien qu'il gagnât; il gagna effectivement, et pour remercier cette dame de son souhait, il lui fit présent en même temps de son gain et d'une montre de cinquante louis. Monsieur voit bien, dit-elle tout haut, que je suis une femme fort dérangée; il veut me mettre en règle, et je n'ai garde d'en refuser les moyens...

A la Cour, dans l'exil, doublement immolé, il se montra dans toute sa carrière, toujours plus fort que le destin, toujours plus grand que les grandeurs... et la seule vengeance qu'il se soit permis, parce que son honneur y était engagé, est celle qui résulte de son propre testament, où il exhala le dernier cri de son âme outragée; le voici d'après son texte même, daté de Saint-Élix (1) :

---

(1) Pendant la durée de son exil, il fut confiné aux châteaux d'Antin et de Saint-Élix. Ce dernier, situé non loin de

— 210 —

« N'ayant pas à me louer d'une épouse qui, se divertissant autant que possible, m'a fait passer ma jeunesse et ma vie dans le célibat, je me borne à lui léguer mon grand portrait peint par Bourdon, la priant de le placer dans sa chambre même lorsque le roi n'y entrera plus.

Quoique le marquis de Pardeilhan-d'Antin ressemble prodigieusement à sa mère, je ne balance pas à le croire mon fils (1). En cette

---

Muret, dans la vaste plaine de la Garonne, a conservé jusqu'à nos jours l'éclat qu'il dut à M. de Montespan. Le style architectural appartient à la Renaissance, et Saint-Elix peut être cité parmi les monuments les plus remarquables de ce genre. Il faisait depuis longtemps partie des domaines du marquis, et on ne saurait accepter sa prétention à une origine royale. Il avait été apporté dans la maison de l'infortuné Pardeilhan par son aïeule, Paule de Saint-Lary-Bellegarde.

La famille de Pardeilhan-Gondrin était originaire de l'Armagnac, et sa fortune était immense. Elle avait encore absorbé, par deux mariages, les deux maisons considérables de Montespan et d'Antin.

Le château de Saint-Elix était orné de la plus belle orangerie du Midi. Elle subsiste encore en la possession de M. de Suarez, dont la famille a acquis, depuis plusieurs années, ce magnifique domaine.

(1) On lit dans une cloche de la paroisse de Bonnefont, bénite en 1668 : *Parain messire Louis-Anthoine de Pardeilhan de Gondrin, aagé de deux ans et huict mois, fils de messire haut et puissant seigneur Louis-Henry de Pardeilhan de Gondrin, marquis de Montespan, et de haute dame Françoise-Diane*

qualité, je lui lègue et laisse tous mes biens à titre d'aîné.

« Je lègue à LL. AA. Mgr le duc du Maine, Mgr le comte de Toulouse, Mlle de Nantes, Mlle de Blois (nés pendant mon mariage avec leur mère et conséquemment mes filles ou fils présumés) leur légitime comme de droit, à la charge et condition de porter le nom de Pardeilhan-Montespan.

« Je donne et lègue au roi mon vaste château de Montespan, le suppliant d'y instituer une communauté de dames repenties, à charge et condition de mettre mon épouse à la tête de ce dit couvent et de l'y nommer première abbesse (1).

« DE PARDEILHAN-GONDRIN-MONTESPAN,
Époux séparé quoique inséparable ».

Le scandale fut immense... et le roi conçut de cette vive blessure un déplaisir tel, qui

---

Rochechoar de Mortamar, marquise de Montespan.
Pendant son bas âge, son père l'avait amené au château de Montespan-Bonnefont, où il passa de 1666 à 1671, mais à partir de sa cinquième année il avait été ramené à sa mère, qui le retint constamment auprès d'elle.

(1) On prétend que le duc de Lauzun, qui nourrissait une dent de lait contre Louis XIV, n'avait pas été étranger à la rédaction de ce testament.

contribua à le détacher de Madame de Montespan.

Pendant ces dix-huit ans, la marquise resplendissante d'hommages et fière des huit enfants qu'elle avait donnés au monarque, faisait tout ployer à ses lois. Sa coupable liaison ne cessa tout à fait qu'en 1685.

« Depuis assez longtemps, Madame, je supporte vos caprices » dit un jour le roi à sa concubine.

« Et moi votre mauvaise odeur », répliqua celle-ci... Réponse suffisamment caractéristique qui mit bientôt toutes les cartes dans les mains de Madame de Maintenon.

Un jour Madame de Thianges, alarmée du changement qui s'était opéré dans l'esprit du roi, dit à Madame de Montespan, sa sœur : Je vous prédis que l'institutrice de vos enfants ne travaille qu'à vous supplanter.

— Madame Scarron, maîtresse du roi ! s'écria Madame de Montespan... vous voulez rire, ma sœur ?

— Que me direz-vous, si mes prévisions viennent à se réaliser ?

— Je vous proclamerai prophétesse comme

Judith et Débora. Mais pour vous prouver que je n'ajoute aucune foi à vos paroles, ce soir même je prierai le roi d'admettre Madame Scarron dans son cercle particulier.

— Vous réchauffez une vipère, je vous jure.

— Vous avez du venin sur la langue, répliqua la marquise.

— Je ne suis pas votre miroir, ma sœur.

La royale maîtresse tint parole, et, le soir même, elle obtint de son amant la faveur qu'elle lui demanda pour Mme Scarron.

On rapporte que l'archevêque nouveau de Paris voulait la raccommoder avec son mari, mais on fit observer à ce prélat qu'après toutes les scènes que celui-ci a données au public, il donnerait la farce s'il la reprenait.

Cependant, à quelque temps de là, le roi écrivit à M. de Montespan pour l'engager à reprendre sa femme. « Sire, lui répondit le marquis, puisque vous l'avez, gardez-la... »

Retirée de la Cour, la marquise passa ses jours chez l'abbesse de Fontrevault, sa sœur, tantôt au faubourg Saint-Germain, dans la communauté qu'elle avait fondée. Elle travaillait, elle priait Dieu, *aimant autant le créateur qu'elle avait aimé la créature...*

A dater de ce moment la veuve Scarron reçut tant de bienfaits de la munificence royale qu'elle put acheter, en 1634, la terre de Maintenon, érigée en marquisat quatre ans après, lorsqu'elle fut Madame Louis XIV ; et voilà pourquoi on appelait quelquefois cette dame, *Madame de Maintenant*.

A partir de là aussi, les affaires de l'Etat se règlent dans la chambre de la nouvelle favorite, et, à toutes les propositions que le contrôleur général des finances fait au roi, Sa Majesté se tourne du côté de Madame de Maintenon et lui demande : Que dites-vous à cela, Madame? Elle donne modestement son avis, et tout ce qu'elle dit est fait.

Louis XIV, à cette époque de sa vie, avait besoin d'une compagne qui eut un esprit supérieur et un caractère facile à se plier au sien, du moins en apparence ; il voulait aussi être amusé et soigné.

Je ne puis plus y tenir, mandait-elle un jour à son frère, je voudrais être morte !

Quel supplice ! écrit-elle encore à une de ses anciennes amies, d'amuser un homme qui n'est plus amusable !...

O roi, ô grand roi ! toi qui n'as jamais tremblé devant aucune puissance humaine et qui, faute d'avoir eu de supérieur en ce monde, ne savais pas ce que c'est qu'obéir, tu t'inféodes, dans tes vieux jours, à une coterie de femmes ambitieuses et jalouses, qui t'entourent d'un réseau d'intrigues, donnant le mouvement et la vie à tout, entraînant dans leurs sphères d'attraction les sciences, les arts, l'opinion, le pouvoir... et lorsque, dans ton omnipotence, tu dis tout haut : l'*État, c'est moi !* elles, de leur côté, se disent tout bas : l'*État, c'est nous !*...

Mais si malheureusement il y a eu à la Cour de Louis XIV des défaillances, des faux pas, des entraînements regrettables, cherchez parmi les illustrations humaines du premier ordre, parmi les œuvres d'ici-bas les plus admirables, combien il en est qui soient parfaites sous toutes les faces !... Et les vices et les défauts des demi-dieux de nos jours, qu'on coulera plus tard en bronze (s'ils ne se sont pas *coulés* eux-mêmes d'ici là) nous permettent-ils de le prendre de si haut avec ceux, moins répandus peut-être, d'un siècle qui fut grand jusque dans ses défauts.

Si maintenant vous tournez la page, quel spectacle auguste le monarque montre alors au monde entier. Vous le verrez *marcher au milieu de sa gloire*, plus haut que tous les rois, donnant le bras, d'un côté à la victoire, de l'autre aux lettres et aux beaux arts !...

Quelle accumulation de force et de génie ! Ministres, guerriers, orateurs, poètes, historiens, tout se meut, tend et gravite autour du Charlemagne moderne, comme les satellites autour de leur soleil ! Que de renommée et de grands noms !... Mais ce qui surtout, dans leur cycle glorieux, en faisait des astres majeurs, c'est la grande société française dont ils étaient les réflecteurs les plus éminents, la plus fière, la plus polie, la plus brillante société qui ait existé depuis le patriciat romain !...

Après les lunes de miel vinrent les lunes d'amertume; après les jours heureux, les jours d'angoisse et de deuil. Un revirement soudain s'opère chez la marquise..... Cette femme, quasi reine la veille, tombe à genoux et se donne à Dieu; le souvenir d'une faute, qui est sa vie même, l'assiège; ce front qui dominait depuis le brin d'herbe jusqu'au cèdre, se courbe sous la croix et s'anéantit devant elle ; des larmes sincères s'échappent de ses yeux et attestent sa honte et ses regrets... Là, devant le Christ qu'elle implore, le masque tombe, la pécheresse reste et la feuille de rose devient ortie !...

L'absolution.

— Madame, dit le ministre du Christ avec douceur et simplicité, vous m'avez appelé... et je suis venu vous entendre.

— Soyez mille fois béni, ô vénérable père ! Je pourrai donc verser dans votre sein quelques larmes de repentir...

— Elles effaceront toutes vos fautes, ma fille..... Et d'abord, remerciez Dieu de vous avoir arraché au joies du monde, car, si vous étiez morte en cet état, quel sort terrible eut été le vôtre !...

— Hélas ! nulle ne fut moins digne de sa bonté.

En même temps, la pénitente s'approcha

du prêtre, se jette à ses genoux, et lui parle à voix basse, accusant humblement toutes ses fautes.

— Ma fille, reprit le serviteur du Christ, d'un ton plein de compassion, votre crime fut, en effet, si grand, que, s'il y avait des bornes à la clémence divine, je ne pourrais vous en promettre le pardon ; mais d'une miséricorde infinie on peut tout attendre, tout espérer... ; quelque profond que soit l'abîme où vous êtes tombée, cette miséricorde, qui est partout, est encore là, elle est auprès de vous ; elle n'attend qu'un mot de repentir sincère pour vous reprendre au nombre de ses enfants. O femme, n'êtes-vous pas touchée de tant de bonté ?...

— Oh ! oui mon père, je me repens de ma vie scandaleuse, de tous mes égarements... et des larmes, de vraies larmes coulèrent de ses yeux.

Alors le confesseur leva sa main droite et dit : Fille du Christ, Dieu vous absout, allez en paix.

C'est ainsi que la grande pécheresse donna

au monde l'exemple d'un sublime triomphe, celui de l'esprit sur la chair (1).

N'y a-t-il pas là un grand sujet de méditation ?...

Madame de Montespan se sentit-elle touchée par la grâce, ou bien attendit-elle pour se convertir l'âge où l'on peut encore aimer, mais où l'on ne peut plus vous aimer... Qui pourrait savoir ce qui se passa dans ce tête-à-tête avec le grand Juge ?

La vérité est que son cœur fut meurtri, ensanglanté et sa vie frappée comme d'un coup de foudre... Le reste de ses jours se consuma dans les larmes et la prière ; la réparation fut éclatante et, quand la mort ferma ses yeux, elle s'endormit en paix dans les secrets de la tombe (1707).

Mais n'oublions pas que si Dieu écoute la prière qui s'élance du cœur vers le ciel, la justice est aussi l'un de ses attributs... Il

---

(1) Chateaubriand, dans le *Génie du Christianisme*, a dit : « Il n'appartenait qu'à la religion chrétienne d'avoir fait deux sœurs de l'innocence et du repentir. » Vérité qui brille ici du plus grand éclat! *Le repentir, sœur de l'innocence*.

est clément, il est bon, mais il est jaloux de ses droits : il ne veut pas qu'on l'outrage, qu'on le méconnaisse, qn'on lui substitue des idoles...

— Sans doute Dieu agit selon la justice. Mais si l'homme a toujours espéré en sa bonté et en sa miséricorde, et que le remords monte à la hauteur de l'offense. — Oh! alors, il n'est pas de faute, il n'est pas de chute qu'une telle contrition n'efface, et l'on peut espérer, appuyé sur la grâce, d'être un jour couronné au Ciel comme Madeleine comme Saint-Augustin et tant d'autres grands saints devenus des gloires de l'Eglise.

Qu'il se lève, disait un jour du haut de sa chaire le père Mermilhod (aujourd'hui cardinal), qu'il se lève, celui à qui la miséricorde divine a manqué, celui qui a dit à Dieu : « Mon Père ! » et à qui Dieu n'a pas répondu : « Mon fils ! »

Voici maintenant, résumée d'un trait, l'histoire finale de cette maison, que nous empruntons à un historien des Pyrénées, et qui nous paraît écrite avec conscience.

Postérité de M. de Montespan.

Le fils de M. de Montespan, le marquis d'Antin, était parvenu dès 1702, âgé de 35 ans, au grade de lieutenant-général.

Il avait épousé en 1686 demoiselle de Crussol-d'Uzès, petite-fille de Julie d'Argennes, duchesse de Montausier. Il en eut quatre enfants dont l'aîné, qui fut le deuxième duc d'Antin, s'allia avec une demoiselle de Noailles qu'il laissa veuve très jeune et qui épousa en deuxièmes noces le comte de Toulouse.

Leur fils aîné, troisième duc d'Antin, plus connu sous le nom de duc d'Epernon, filleul du duc de Bourgogne, fut marié (1722) à une demoiselle de Montmorency-Luxembourg, d'où provint le quatrième et dernier duc d'Antin, Louis Pardeilhan-Gondrin, né en 1727, tenu au baptême par Louis XV et par la comtesse de Toulouse. Celui-ci mourut en 1757, sans avoir pris d'alliance.

Le dernier duc d'Antin avait trois sœurs qui lui survécurent : la première, connue sous le nom de Madame d'Epernon, fut la dernière abbesse de Fontrevault et mourut en 1799 ; la deuxième passa dans la maison des ducs d'Uzès ; enfin, la troisième épousa Emery-François de Durfort-Civrac et lui apporta en dot les domaines d'Antin dont elle avait été apanagée.

Du mariage de Marie-Françoise de Pardeilhan avec Emery de Durfort-Civrac naquirent quatre enfants, derniers descendants en ligne directe des marquis de Montespan et cohéritiers à parts égales des domaines d'Antin et de Montespan ; ils les aliénèrent en faveur du comte et de la comtesse de Noé, en 1787.

Ainsi finit, après avoir duré plusieurs siècles, la possession desdits biens dans la postérité féminine mais encore héréditaire de ces grandes maisons.

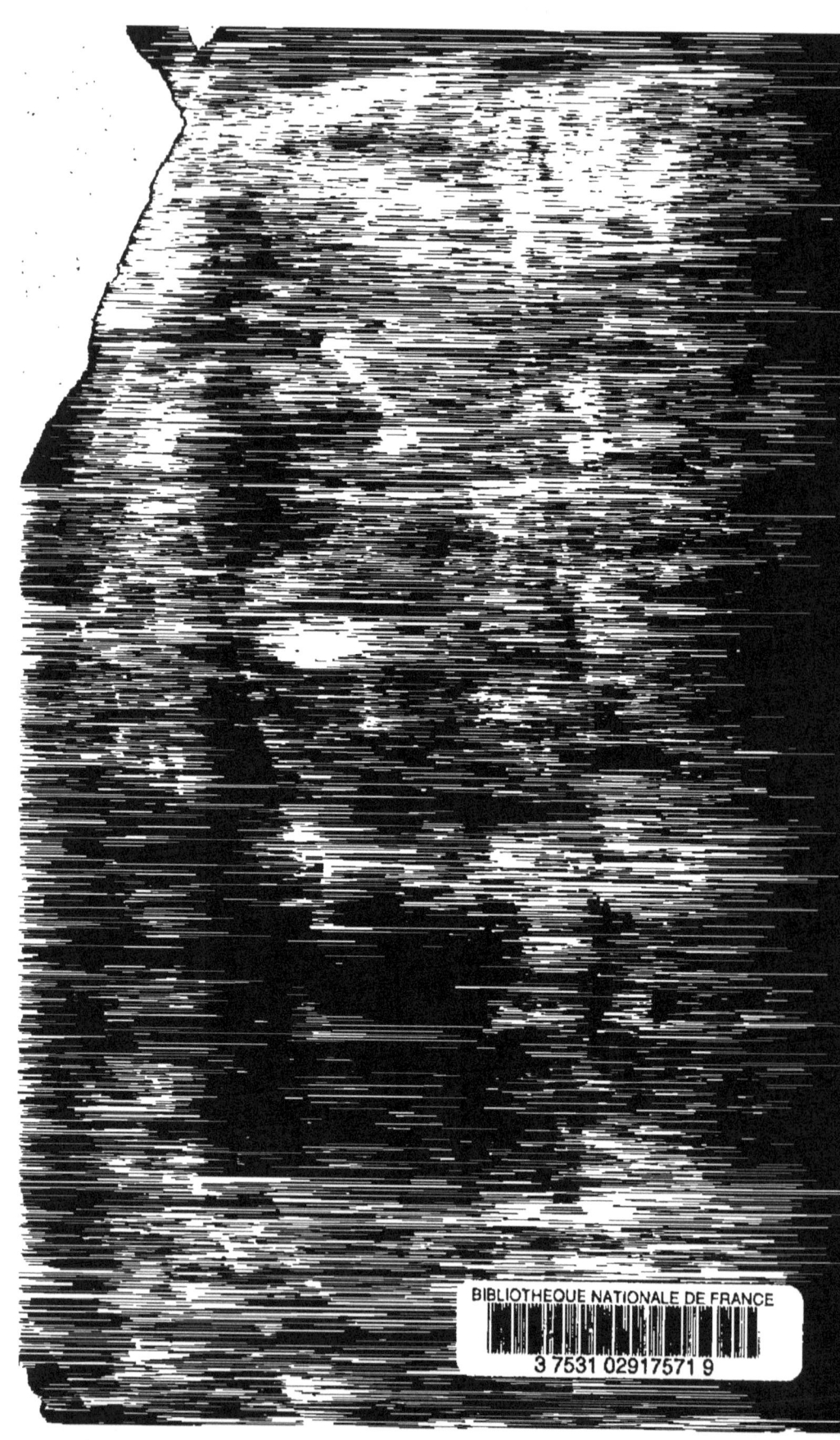

www.ingramcontent.com/pod-product-compliance
Lightning Source LLC
Chambersburg PA
CBHW051913160426
43198CB00012B/1871